臺灣歷史與文化_{研究輯刊}

臺灣歷史與文化 研究輯刊

十 五 編

第 10 冊

從神聖到世俗
——以頭城搶孤爲例

許 澤 耀 著

花木蘭文化事業有限公司

國家圖書館出版品預行編目資料

從神聖到世俗——以頭城搶孤為例／許澤耀 著 — 初版 — 新
北市：花木蘭文化事業有限公司，2019〔民 108〕
目 4+150 面；19×26 公分
（臺灣歷史與文化研究輯刊十五編；第 10 冊）
ISBN 978-986-485-612-1（精裝）
1. 搶孤　2. 宜蘭縣頭城鎮

733.08　　　　　　　　　　　　　　　　　　108000393

ISBN-978-986-485-612-1

臺灣歷史與文化研究輯刊
十五編　第 十 冊　　　　　　ISBN：978-986-485-612-1

從神聖到世俗
　　——以頭城搶孤為例

作　　者　許澤耀
總 編 輯　杜潔祥
副總編輯　楊嘉樂
編　　輯　許郁翎、王筑　美術編輯　陳逸婷
出　　版　花木蘭文化事業有限公司
發 行 人　高小娟
聯絡地址　235 新北市中和區中安街七二號十三樓
　　　　　電話：02-2923-1455 ／傳真：02-2923-1452
網　　址　http://www.huamulan.tw 信箱 hml 810518@gmail.com
印　　刷　普羅文化出版廣告事業
初　　版　2019 年 3 月
全書字數　113444 字
定　　價　十五編 25 冊（精裝）台幣 60,000 元

從神聖到世俗
——以頭城搶孤為例

許澤耀　著

作者簡介

許澤耀

2002 年通過教育部辦理國民中小學鄉土語言教學支援人員檢核後，投身於第一線的小學生台語教學工作，迄今仍在台北市東門國小當台語教師。

因此，為充實台語根基，一本「教學相長」的信念，即從黃冠人老師學習河洛漢詩吟唱，又師事天籟吟社前張國裕社長練習河洛古典漢詩寫作。

2010 年 6 月臺灣國立師範大學臺灣文化及語言文學研究所碩士畢業。此後即在社大開課，教授漢詩吟唱及古文研讀。當今仍在台北市大安社大，宜蘭、羅東社大擔任台語漢詩吟唱講師。

提　　要

本論文係研究位於台灣東北角的頭城中元普度儀式在歷史上的特殊演變。頭城是由於最先開墾而得名。近九十年來，這個小鎮一直都舉行著傳統性的所謂「搶孤」的中元普度儀式。搶孤意即當中元普度完成時，搶奪放在 30 米高台上的供品的儀式。

清領時期，搶孤盛行於台灣很多地區，如今除了頭城和台灣最南端的恆春已很罕見。本書我們將再驗證歷史上不同時段的頭城搶孤。頭城搶孤首見於 1923 年日治時期的新聞，或多或少都有規律地舉辦到 1936 年。第二次世界大戰之後得以虔誠地復辦，但旋即因戒嚴令而中斷。一直到解嚴後，搶孤定期在頭城舉辦，並且被認為是台灣宗教活動中最艱難的民俗活動，搶孤吸引著參賽者把攀爬活動當作運動或競賽。

本文要從宗教的意義論述搶孤演變的方向，基於涂爾幹（E. Durkheim）的神聖跟世俗的理論，筆者發現這個民俗活動從最初神聖的意義慢慢演變的過程。然而它的改變過程並非是直線而行。戒嚴之後，它只是人們單純的共同記憶，如今，它逐漸褪去宗教的本質轉化成台灣文化的形像。它在台灣也愈來愈趨於世俗化了。

致謝辭

　　三年的碩士班學生生活，終於就要告一段落。首先要感謝的是陳龍廷老師於忙碌不堪的教學時間以外，尚需指導論文寫作，諸多賜教，不敢一日或忘。另外，為了論文口試也是勞動戴文鋒教授大駕，南北奔波多次；而陳茂泰教授也無視於當時病體疲憊，堅持到最後時刻的精神；頓時使我了解，學位考試已經不單純只是寫作者本身的學問和論文的書寫技巧而已，更是包含了很多令人感動的情節。

　　在工商界打滾虛度了 40 年之後，三年前，猛一下進入台文所，頓覺不知所措。所幸，台文所上各位老師尤其是李勤岸所長、林芳玫老師、林淑慧老師、陳茂泰老師、姚榮松老師等的授課，對於論文的撰寫真的是助益不少。而陳龍廷老師的文化課程，包括台灣歌謠、戲劇、宗教信仰等則是最為貼近生活的一面，也是此論文書寫的最大原動力。

　　當然，最需要感謝的是前頭城鎮公所中元祭典委員會總幹事陳文琛先生，他可以說是當今頭城搶孤的一部活字典。他不憚其煩地接受我的訪問，讓我事半功倍，借此一隅，再表示申謝之意。再者，林正芳老師、邱彥貴老師也提供我不少寶貴資料及指導，免除很多搜尋時間。而要感謝的人，實在太多，未能一一詳列，容後再面謝。

　　將屆「古稀」之年，尚能作學問，亦屬上天之恩賜。2010 年 06 月 19 日有幸又再度從台師大的台文研究所碩士班畢業，心中仍然有著無限的喜悅、感觸。這段學校生活雖然已告一段落，但是良師的鞭策、益友的扶持和鼓勵、以及各相關人員的支援促進我學業的完成，真的是有道不盡的感謝。

　　總之，感謝所有周邊提供指導與協助的人士。

～2010 年 6 月～

目

次

第一章　緒　論

　　搶孤是一種民俗活動，是舊曆七月中元祭典儀式的一部份。

　　在清領時期的方志中，搶孤活動的記載散見於台灣各地，[註1] 搶孤的舉行雖然此起彼落，在清領時期，從滿人大官六十七到加拿大的馬階（G. Mackay），以及歷來清廷來台的宦遊官吏，每每提到搶孤，所有的記載都一致抨擊搶孤是野蠻、失序的暴力行為，需要禁止。甚至 1884 年（清光緒 10 年），台灣巡撫劉銘傳就以「安全」為理由下令全臺禁止搶孤活動。[註2]

第一節　研究動機

一、保有祭典活動的獨特性

　　頭城搶孤，從日治經戰後迄今，經過漫長的歲月中，在舉辦年份的舊七月的中元普渡儀式中，是一個盛大而且是一個很特殊的活動。在典禮儀式過後，開放給民眾攀援登高，競相去爭搶綁在孤棧上的祭祀供品。在台灣所舉行過的搶孤當中，以頭城搶孤的方式最奇特，規模也最大，場面也最熱烈、神秘。整個比賽的過程中充滿了緊張、危險和刺激。

　　戰後在台灣的搶孤，尚有臨時性之搶孤，如：1983 年（民國 72 年）台南縣北門鄉永隆村永隆宮醮、將軍鄉玉山村玉天宮醮；1987 年（民國 76 年）將

〔註1〕　清領時期，鳳山縣、臺灣縣、澎湖廳、彰化縣、噶瑪蘭廳、淡水廳、後來的
　　　　台南等地均有搶孤的記載。見張其昀監修、方豪主編《台灣方志彙編》各志，
　　　　（台北市陽明山：國防研究院，1968 年）。
〔註2〕　片岡巖，《臺灣風俗誌》（台灣日日新報出版 1921 年 02 月 10 日），頁 63。

軍鄉將貴村金興宮醮；1988 年（民國 77 年）台南市西區西羅殿醮等數地都舉行過搶孤的儀式。〔註3〕

　　1990 年代以後，在台灣眾多舉辦過搶孤儀式的鄉鎮之中，皆未聞再有類似的活動。時至今日，雖然「搶孤」這項活動，並非是宜蘭縣的頭城鎮所獨有的，除了頭城以外，尚有恆春的搶孤。〔註4〕頭城與恆春一在南一在北，每年農曆七月的搶孤活動一展開，頗有互別苗頭的味道。尤其近一、二年來，恆春的搶孤越形改善，搭建孤棚也有顯著的不同，難度也愈形提高。但是在人氣、規模及競賽活動的難度上，頭城搶孤當屬獨占鰲頭而歷久不衰。

二、為何興起及歷久不衰

　　台灣從清領時期就一直存在著有搶孤活動，只是頭城到了日治時期才開始出現搶孤的活動。究竟是何種原因促成這一個位處台灣東北角一隅的頭城小鎮，在各種條件都不是很充裕，人口只有幾萬的鄉間小鎮，卻能夠舉辦出這種令人心驚動魄，高難度的攀援比賽，在台灣搶孤的形態中獨樹一幟，不但是獨樹一幟而且歷久不衰，卒能成為一個標幟。究竟他們是如何辦到的？

　　頭城搶孤當局為了經費問題，經常陷入「舉辦」或「停辦」的窘境之中。而 1981 年（民國 70 年）起至 2005 年（民國 94 年）宜蘭縣的地方政權由本土的黨外及民進黨執政，〔註5〕因此，政治力或地方派系是否有介入？舉辦的方式有何不同之處？地方上的看法又是如何？而搶孤活動其內涵和宗教文化的取向，戰後初期跟日治時期又有何不同之處？這是本文所要研究的。

　　因為，過去二十年期間，頭城搶孤得以再延續下來，近年來又以文化資產的議題被提出討論，到了今天我們經常還可以再看到頭城搶孤的演出，1991年的二度復辦實是扮演了一個很關鍵的一舉。

〔註3〕　游謙，〈頭城搶孤的歷史與演變〉載於《寺廟與民間文化研討會論文集》（台北市：行政院文化建設委員會 1995 年 03 月），頁 520。

〔註4〕　蔡金樹，《台灣恆春搶孤暨孤棚活動發展之研究》（屏東市：國立屏東教育大學體育學系 2006 年碩士論文）。

〔註5〕　宜蘭縣政府，《宜蘭縣統計要覽第 58 期》，（宜蘭縣：宜蘭縣政府，2005），頁104～105。民國 70 年（1981）11 月 14 日宜蘭縣長選舉，當時以無黨人士出馬競選的陳定南以 90,389 票領先李贊成當選第九屆宜蘭縣長。此後，連續 24年至 94 年（2005）12 月 03 日 15 屆縣市長選舉止，都由民進黨的游錫堃及劉守成擔任宜蘭縣長乙職。

三、作為文化資產保存的議題

頭城搶孤在舉辦的年份，只在舊曆七月最後一天才有的祭典儀式後的活動，但是這一天，卻往往成為全國媒體競相報導的題材。如今已經蛻化為一種運動、競技比賽，正因為搶孤的攀援功夫是極為高難度的動作，過程令觀眾驚心動魄，所以一到搶孤的季節，就成為全台灣所有目光投射的焦點。1991 年（民國 80 年）二度復辦以來迄今，時停時辦，有時一連三年舉辦後又連著幾年停辦。〔註6〕2008 年 04 月 19 日訪問前頭城鎮中元祭典委員會總幹事陳文琛〔註7〕的田野調查中，他就直言不諱地指稱，前此主辦單位的頭城鎮中元祭典協會就經常陷入「辦」與「不辦」，「理想」與「現實」的掙扎之中。因為這項具有歷史傳統與文化意涵的民俗活動，每次所須的經費幾乎必須仰賴上級政府的補助。

行政院文化建設委員會文化資產總管理處籌備處於 2006 年 12 月 27 日以府字資字第 0950007040 號文，依據「文化資產保存法第 59 條及傳統藝術民俗及有關文物登錄指定及廢止審查辦法第 6 條」法令，將頭城搶孤列入國家的「文化資產」。〔註8〕因此，頭城搶孤的研究已經不單是研究搶孤本身，而是已經帶有文化資產的研究了。

行政院文化建設委員會在 1995 年就宣示，將「文化產業」作為台灣文化政策項目之一，具體呈現出「文化產業化」及「產業文化化」。文化創意產業在我國的產業結構與經濟產值上，每年的比重已經愈來愈增加。

2008 年 08 月 30 日（農曆 07 月 30 日）晚上十點半，正式搶孤之前，前行政院劉兆玄院長在致詞中宣稱，頭城搶孤已經被列入文化建設委員會的文化資產，今後每年的活動，文建會都有補助。因此，今後如何將頭城搶孤這個民俗文化加以保存，同時還要將其導向為文化創意產業，不需要每年再仰賴政府的補助，這樣才能使這項民俗文化活動得以永續經營與發展。

縱觀上述，頭城搶孤的活動，在二十一世紀初的現階段，其文化上的意義已經是超出中元祭祀的本質，而表現在活動的取向也不再只是施捨給社會邊緣人來搶奪祭品的儀式而已。事實上，它在歷次的活動中，慢慢的轉變，

〔註6〕 頭城搶孤 1991 年二度復辦開始的搶孤活動明細，請參閱本論文附錄之三。
〔註7〕 陳文琛，1933 年生，現年 78 歲。1989 年進入頭城中元祭典委員會，後升任總幹事一職。1991 年的頭城搶孤的二度復辦在他手上完成的。1998 年退休迄今。
〔註8〕 資料來源：行政院文化建設委員會文化資產總管理處籌備處 http://www.hach.gov.tw/hach/frontsite/cultureassets/caseBasicInfoAction.do?method=doViwCaseBasicInfo&caseId=JE09605000059&version=2&assetsClassifyId=5.1&siteId=101。

如今已經是朝向文化活動及文化資產邁進。

第二節　研究目的

　　頭城搶孤是國人生活的歲時活動當中，每年的中元祭典的重要活動，這種「傳統祭典」，因為一年只有舉辦一次，甚至於過去在戒嚴體制下長期停辦的年份，簡直就是快要被人們遺忘的活動，但是 1991 年二度復辦以來，只要一有搶孤活動，往往又可以掀起一波波的高潮。

　　本研究根據上述研究動機，主要的研究目的就是要去了解：

一、追溯日治時期頭城搶孤的興起及演變，與清領時期的內涵有何不同？

二、比較頭城搶孤於戰後 1946、1947 及 1948 年，連續三年期間的舉辦方式和祭祀內涵與日治時期的相異之處。

三、1949 年（民國 38 年）的停辦，其主要的原因及當時的社會及政治背景。

四、1991 年（民國 80 年）的二度復辦，頭城搶孤又是何種力量促成的，而其內涵跟之前的時期又有何不同之處？

五、最重要的是，頭城搶孤的活動演變至今，呈現在國人的眼前只是一次又一次的舊七月中元祭祀儀式後的活動。但是究其文化的深層內涵，我們將可以更加了解它的宗教神聖化在走向世俗化的過程中，它的腳步在歷史的軌跡中是如何地向前走。

　　搶孤的研究將有助於釐清每一個階段不同的社會內涵，本文從宗教文化的觀點，再深入去探討搶孤深層的意義，希望能以古鑑今，藉著頭城搶孤，拼湊出台灣民間文化的想像，重新思考提供頭城搶孤在文化資產的一個助力。

第三節　研究範圍

　　雖然，清領時期的台灣各方志、詩作或古文中已有詳細的描寫各地所發生過的搶孤，但是迄今則尚未見到有頭城搶孤文獻記載的直接證據。而 2008 年 9 月 30 日付梓的研究報告，〔註9〕也已經整理爬梳出日治時期的頭城搶孤研究。

〔註9〕　游憲廷主持，邱彥貴、李守正協同主持，2008 年 9 月已完成蘭陽技術學院接受國立台灣藝術總籌備處委託計畫期末報告《頭城搶孤民俗保存與文化創意產業結合之研究》。

　　本文研究範圍的時間則界定在從日治時間頭城搶孤的興起、終戰初的1946、1947 及 1948 年的連三年的復辦，1991 年的二度復辦。換言之，本文聚焦於上述三個階段。而研究的內容則界定在頭城搶孤的舉辦方式及組織動員形態與每一個階段的政治背景，以及各階段不同的活動取向與社會、宗教文化的內涵。

第四節　研究方法

　　本研究採用以文獻分析法與歷史及宗教研究法為主、加以田野調查作為輔助性的研究來彌補相關文獻不足的所在。將所蒐集的相關資料與文獻，加以整理、歸納、分析、探討之。其詳情說明如下：

一、資料蒐集

　　蒐集國內外相關的民俗活動與宗教的資料。至圖書館、縣市鄉鎮公所、文史資料館蒐集有關搶孤活動、民俗節慶之博碩士論文、期刊、書籍、報紙及官方資料，跟頭城搶孤有關的政治背景、歷史背景、宗教信仰、民間信仰、歲時節慶，甚至氣候變遷、病蟲害、傳染病、經濟等等資料。

二、文獻分析法

　　有關頭城搶孤之直接跟間接的文獻大致有四大類：

　　（一）歷史文獻：清領時期的台灣各地方志，日治時期的新聞、報紙，戰後的政府及地方相關的縣志、鎮志。

　　（二）清領時期派來駐在或旅居台灣的宦遊官吏及其他台灣本土的知識份子的文章、詩歌，還有外國宣教士的回憶錄等。

　　（三）學者、專家研究的相關論文、期刊、專書等。

　　（四）有關頭城搶孤、1947 年（民國 36 年）以降之中元祭典之相關公文及其他文件。將蒐集到的相關資料加以整理、歸納、分析、探討之，作為本研究的相關課題及研究之方向。並據此，作為與田野調查的訪談資料相互分析、考證與比較之用。

三、歷史研究法

　　有系統的蒐集和客觀的評鑑過去發生之事件及其有關的資料跟本研究上述界定的時間及範圍內的關聯性。經綜合、分析、解釋過程，提出發現與結論。

四、田野調查

　　徹底的田野調查研究者，人類學家 Bronislaw Malinowski（1884～1942）認為要作出完善田野調查，必須親自參與實地的調查。因此採用文化人類學的基本研究方法論中的田野調查（field study 或 field research）方法是最直接而且事半功倍的作法。

　　頭城搶孤雖然於終戰初的 1946～1948 年（民國 35～37 年）連續舉辦三年，但是當時適逢主政的國民黨先行接收台灣，當時的報紙鮮有留下報導，因此，訪問資深的前中元祭典委員會退休的總幹事陳文琛的田野調查，實為最正確、務實而且是最好的選擇。

　　有關於 1991 年（民國 80 年）二度復辦，之前已有論文問世，但是仍然親自再訪問當時擔任頭城青商會會長的黃添進，〔註 10〕以求事實真象的再確認。

　　在戰後的復辦，後來的停辦，及停辦 43 年之後的二度復辦的這一連串變化之中，事涉地方組織動員型態，種種政治因素或環境背景。訪問當地耆老以及承辦過搶孤儀式之人員，研究者將以客觀的心態，將自己所見所聞的資訊，忠實地記錄下來，並將訪問資料與蒐集到的文獻資料，相互印證、以求得資料的真實性。

　　本研究方式事先擬定訪談的問題，對受訪人進行採訪，再使用自由開放性的交談方式讓受訪者於交談中提供更多的相關資料，最後將訪談內容分類、分析俾能彌補資料之不足，使得研究資料更接近事實與客觀。

〔註 10〕黃添進，1951 年生，現年 60 歲。1991 年任頭城青商會第 11 屆會長。

第二章　清領時期搶孤的文獻及其意涵

　　「搶孤」一詞並非一開始就有的，它的出現我們可以從歷史上的文獻記載中循其軌跡，追溯回去。

　　搶孤的文獻在台灣清領時期的方志，或當時的遊宦官員的詩作、詩集中皆可讀得。因此，僅將最具代表性的資料，以時間過程，依其起源、發展及演變的過程，理出一個順序，敘述如下：

第一節　搶孤源起的文獻

　　搶孤最早源自佛教或道教儀式中的「供養」、「放施食」、「賑濟」的搶奪儀式。而「供養」、「放施食」、「賑濟」又源自於佛教的盂蘭節及道教的中元節。

一、佛教的盂蘭節

　　（一）《佛祖統記》卷三十七云：南北朝，538 年（大同四年）南朝梁武帝蕭衍於同泰寺設盂蘭齋，是為漢傳佛教依據《佛說盂蘭盆經》舉行超度儀式的肇始。

　　義楚《釋氏六帖》四十五有云：「宏明云：梁武帝每於七月十五日普寺送盆供養，以車日送，繼目連等。」〔註1〕自此以後，蔚為風俗，歷代帝王以及群眾無不舉行，以報德。後來盂蘭盆會便成寺院中每年重要行事之一。

　　（二）元・德輝重編《百丈清歸》卷七〈節臘章〉月分須之中云（大正

〔註1〕藍吉富主編，《中華佛教百科全書》（台南縣永康市：中華佛教百科文獻基金會，1994），頁 3014。

48‧1155a)：「七月初旬，堂司預出盂蘭盆會諸寮看誦經單，預率眾辦財斛食供養。十三日散愣嚴會。十五日解制。當晚設盂蘭盆會，諷經施食。」〔註2〕

（三）元‧明本《幻住庵清規》云（卍續111‧975上）：「七月，（中略）十五日解制人事。此夜分啟建盂蘭盆勝會以濟幽爽，以報劬勞。此會亦須預出經單，請大眾隨意批閱。此會有開甘露門一壇，請依而行。」〔註3〕

佛教中的盂蘭盆節（梵語 Ulumbana 的譯音）由目連救母而來。雖然後代的人們，依據經文指示每年舉行盂蘭盆會，不過起初樸素、簡單的「具百味五果以著盆中，供養十方大德」到後來演變成鋪張奢華的「廣為華飾，刻木割竹飴臘，剪綵模花果之形，極工巧也」，〔註4〕但是這也就說明了盂蘭盆會的主要內容在於諷經施食了。

二、道教的中元節

（一）俗傳農曆七月十五日是中元地官的誕生日，為地官「赦罪之辰」故名。「於其日夜講誦是經，十方大聖齊詠靈篇。囚徒餓鬼，當時解脫，一切俱飽滿，免於眾苦，得還人中。」〔註5〕

（二）在一般的道教儀式中，「設醮修齋行法事，設果品等給天神、孤魂，以祈福超度，故稱「**放施食**」。而施食于鬼神餓鬼等法會，齋主延請道士為親屬亡者作超度拔亡科儀中，有「施食」儀，故又叫「**施放食**」或「**賑濟**」。〔註6〕

從上述的道教祭典儀式中，我們得知普施儀式也是道教普度祭典的核心，目的在將信徒所準備的各式供品施予孤魂享用。因此，在普施儀式開始之前，寺廟、民眾都要事先準備各式各樣豐盛的供品，陳列在普施法壇之前，此稱為普度法筵。普施儀式進行時，道長需先對所有供品一一進行灑淨，隨後來到大士爺之前進行招引孤魂，然後登上普施臺向孤魂施食、說法。施食時道長要用變食咒將供品一化十、十化百、百化千，以供孤魂享用。同時將祭品一一向台下投擲，通常也引起民眾的搶奪，這就是民間俗稱的搶孤。〔註7〕

〔註2〕 藍吉富主編，《中華佛教百科全書》，頁 3014。
〔註3〕 藍吉富主編，《中華佛教百科全書》，頁 3014。
〔註4〕 藍吉富主編，《中華佛教百科全書》，頁 3014。
〔註5〕 張志哲主編，《道教文化辭典》（南京：江蘇古籍出版社，1994 年 06 月 01 日版），頁 950。
〔註6〕 張志哲主編，《道教文化辭典》，頁 896。
〔註7〕 謝宗榮，〈台灣的中元信仰與普度習俗〉（宗教大同，第三期 2004 年 12 月），頁 69。

三、盂蘭盆會與中元節混合

佛教的盂蘭盆會和道教的中元節都在農曆七月十五日舉行，但隨著時間的演變，《道教文化辭典》記載「…與前代相比，宋代盂蘭盆會的變化是驚人的。這表現在：它與道教的中元會產生了合流的趨勢。…無論是盂蘭會還是中元會正在從七月十五的主角轉變為配角。第二，它與民間的風俗習慣結合更為緊密」，〔註8〕到了宋朝的時候，由於儒、道、釋、合流的日趨明顯，並將佛教的盂蘭盆會與道教「中元地官節」相結合，因此，從南北朝歷經宋朝到目前，經過了近一千六百年的演變，民間對中元節盂蘭盆會的認知和中元普度祭儀的舉行，兩者已經逐漸相混而融合。但是祭典的誦經、施食皆在強調功德的累積以消弭罪障則為一致。

總之，農曆七月十五日是融合了佛、道以及民間傳統對孤魂的敬畏而成為多元性的節日。

第二節　清領時期搶孤的歷史文獻

一、普度或普施衍生搶奪

清修方志及各廳縣志的風俗或歲時中大都有記載俗稱普度的每年農曆七月十五日的中元節。在漢人的歲時的風俗中，雖然普度只是祭祀過程當中的儀式之一，卻在中元節的整個節慶中佔了很大的份量。

在下列的台灣各方志的風土志、輿地志及詩作中，依時間先後順序，先把「普度」、「普施」、跟「搶孤」作一個連結。

（一）清修《台灣方志》，1694 年（康熙 33 年）高拱乾修的《高志》〈風土志〉的記載：

> 「中元，人家各祀其先；以楮作五色綺繡之狀焚之，云為泉下做衣裳。所在為盂蘭盆會，每會一老僧主之：黃昏後登壇說法，撒物食羹飯，謂之普施。」〔註9〕

（二）1716 年（康熙 55 年）周鐘瑄修的《諸羅縣志》〈風俗志〉記載：

> 「七月十五日之前後為盂蘭會，比丘登壇說法設食，以祀無祀之鬼；

〔註8〕 張志哲主編，《道教文化辭典》，頁896。
〔註9〕 方豪主編，《臺灣方志彙編第一冊（1），高拱乾修「臺灣府志」》（台北市陽明山：國防研究院 1968 年），頁 187。

謂之普施。」〔註10〕

（三）1719 年（康熙 58 年）陳文達修的《台灣縣志》的〈興地志〉記載：

「七月十五日，浮屠謂地官赦罪之日，各宮廟社里斂金延僧拜懺；
是夜搭檯演放燄口，俗所謂「**普度**」是也；每費至數十餘金。人家
祭其祖先與清明節無異；亦春露秋霜、追遠報本之意也。」〔註11〕

（四）1719 年（康熙 58 年）陳文達修的《鳳山縣志》〈風土志〉記載：

「七月十五日，作盂蘭會。以一老僧主之。黃昏後，登壇說法，設
酒食以祀鬼；謂之**普施**。」〔註12〕

（五）1751 年（乾隆 16 年）王必昌修纂的《重修臺灣縣志》的〈風土志〉
中則記載：

「…十五日，作盂蘭會。數日前，好事者醵金為首，延僧眾作道場，
將會中人年月生辰列疏；又搭**高檯**，陳設餅餌果品，牲牢堆盤二三
尺，至夜分同羹飯施燄口，謂之普度。**供畢，縱貧民上檯爭相奪取，
每釀事端**。比年官為禁止搭檯，始於各家門首設供，風俗為之一靖。」

〔註13〕

清領早期，康熙至乾隆前期年間的台灣的方志中的風土志、興地志及詩
作之中，有關於舊曆七月無論佛教的盂蘭會或道教的地官赦罪之日，大都只
有「普度」、「普施」等等，是很單純的「人家祭其祖先與清明無異」這種舊
七月的祭祀鬼神的活動。

到了 1751 年（乾隆 16 年），王必昌修《重修台灣縣志》時，在其〈風土
志〉的記載，已經很清楚的記載了當時的**台灣縣**的民眾在普度儀式結束之後，
開始有了攀爬高檯搶奪祭品的事實。因此，由普度演變而釀成爬上高臺的「搶
奪」事件，在這部文獻當中已經交代清楚了。而這也是到目前為止「**上高檯
奪取祭品**」的最早記載，雖然在名稱上沒有搶孤之名，然而文獻的記載已有
上高檯搶孤之實了。雖然，

〔註10〕 方豪主編，《臺灣方志彙編第二冊（1），周鍾瑄修「諸羅縣志」》（台北市陽明
山：國防研究院 1968 年），頁 148。

〔註11〕 方豪主編，《臺灣方志彙編第二冊（2），陳文達修「臺灣縣志」》（台北市陽明
山：國防研究院 1968 年），頁 60～61。

〔註12〕 方豪主編，《臺灣方志彙編第五冊（1），陳文達修「鳳山縣志」》（台北市陽明
山：國防研究院 1968 年），頁 86。

〔註13〕 方豪主編，《臺灣方志彙編第三冊（1），王必昌修「台灣縣志」》（台北市陽明
山：國防研究院 1968 年），頁 400～401。

（六）1764 年（乾隆 29 年）刊行的王瑛曾的《重修鳳山縣志》〈風土志〉
　　 中的記載：

「十五日爲盂蘭會，數日前，好事者醵金爲首，延僧登壇說法，設
食以祀無祀鬼神，名曰「燄口」（又謂普度）。」〔註14〕

　　這一部王瑛曾修的《重修鳳山縣志》風土志的記載中只是平凡地描述舊
七月盂蘭會的普度。但是在同一本《重修鳳山縣志》卷十二〈藝文志〉中的
詩賦則收錄了巡臺御史六十七以〈臺俗七月十五日爲盂蘭會，至夜分放水燈；
爲記以詩〉爲題名的詩作，卻有「劫奪」的強烈用詞。其文如下：

「楚人尚鬼習相仍，高會盂蘭放佛燈。釋氏金蓮三十里，石家銀燭
百千層。

獨醒難挽浮靡俗，空色渾疑清淨僧。最怪莊嚴成劫奪，肉山還有酒
如澠。」〔註15〕

　　本詩的作者六十七，滿州鑲紅旗人，於 1744 年（乾隆 9 年）時以「給事
中」差任「巡臺御史」巡臺，歷時三年。從他所寫的漢詩，無庸置疑地他已
是深度漢化了的滿人，不過在心理上他仍以北方人自居，把臺灣人視同戰國
時期在長江流域的「楚人」後裔，認爲台人仍「尚鬼」。在這篇詩作中，大肆
批評，明指台灣的中元普度極盡奢侈之能事，擺設佛門「金蓮三十里，而銀
燭百千層」，他自比屈原，感嘆眾人皆醉唯有他獨醒，但也感嘆難以挽回這種
奢侈靡俗。

　　乾隆前期，王必昌修的《重修台灣縣志》所記載的「供畢，縱貧民上檯
爭相奪取，每釀事端。」開始出現搶奪的現象，到了 1764 年（乾隆 29 年），
王瑛曾修《重修鳳山縣志》風土篇中，所收錄的滿洲大人六十七的詩句，普
度的祭祀活動中，佛門的清靜僧侶卻是已經含有「空色渾疑」之相，而一般
百姓的普度祭品是類似「酒池肉林」這種過度奢靡的「肉山還有酒如澠」，最
後的結局卻是「最怪莊嚴成劫奪」。因此，普度已經不再只是單純的祭祀而已，
卻是已經演變成爲「奪取」或「劫奪」事件了。

〔註14〕 方豪主編，《臺灣方志彙編第五冊（1），王瑛曾重修「鳳山縣志」》（台北市陽
　　　　明山：國防研究院 1968 年），頁 51。
〔註15〕 方豪主編，《臺灣方志彙編第五冊（1），王瑛曾重修「鳳山縣志」》（台北市陽
　　　　明山：國防研究院 1968 年），頁 388。

二、民間詞彙的上場

（一）搶孤

舊七月的中元慶典從祭祀演變成為「搶奪」之後，清領時期各方志及其他的詩作中，有關於「**搶孤**」的字眼也開始逐漸顯現出來。有關於「搶孤」的文獻，依年代順序列舉如下：

1. 1760～1764 年（乾隆 25～29 年）由余文儀修纂的《續修臺灣府志》卷二十六〈藝文七‧詩四〉收錄了孫霖的〈赤嵌竹枝詞〉：

   結緣縈過又中元，施食層臺士井喧；三令首除羅漢腳，只教普度鬧黃昏。（台俗：七夕，家供織女，稱「七星孃」食螺螄以為明目；煮豆拌裹洋糖同龍眼、芋頭分餉，名曰「結緣」。是夜，士子為魁星會。中元節，好事作頭家，醵金延僧施燄口，燃紙燈於海邊，謂之「普度」。是月也，最多「羅漢腳」，**搶孤**打降，結黨滋擾；觀察覺羅四公、刺史余公、明府陶公並委員巡查，禁演夜戲）。〔註16〕

根據邱彥貴及林正芳的研究，這首竹枝詞撰述的年代，依據原詩自註的末段是覺羅四明、余文儀、陶紹景同時分別擔任臺灣道、臺灣府、臺灣縣任內時或稍後所作，翻閱資料結果，最可能的時間是 1762 年（乾隆 27 年）。從上述的詩作，有社會邊緣人的「羅漢腳」（貧民、單身漢）、「搶孤打降」，甚至「結黨滋擾」的情況。假如沒有更早有關於搶孤文獻的出現的話，孫霖這首竹枝詞的詩作，到目前的階段堪稱台灣史料中首度浮現「**搶孤**」一詞。〔註17〕

2. 朱景英於 1772 年（乾隆 37 年）海防同知任內所著的《海東札記》，其卷三〈記氣習〉稱：

   七月中元，縈臺延僧道施食其上，至於更闌，擁觀者爭所施食，名曰：「**搶孤**」，有亂毆至死者。…此皆習之最惡者，當屬禁之。〔註18〕

本詩作距上述孫霖的〈赤嵌竹枝詞〉之後約有十年，「搶孤」一詞都出現在時人的詩作之中。1684 年（康熙 23 年）依施琅之議，滿清頒布渡台禁令三

〔註16〕余文儀，《續修臺灣府志》（臺北市：遠流出版事業股份有限公司 2007 年），頁 1190。

〔註17〕邱彥貴、林正芳，〈歷史篇〉收錄於《頭城搶孤民俗保存與文化創意產業結合之研究》（宜蘭縣：蘭陽技術學院 2008 年 09 月 30 日），頁 11。

〔註18〕朱景英，《海東札記》（臺北市：成文出版有限公司 1983 年 03 月），頁 28。

條後，至 18 世紀中晚期，時開時禁。〔註 19〕在時鬆時緊的政策之下，渡台移民仍然有增無減，當然三教九流，社會邊緣人皆在其中。每至舊七月祭祀之日，這些人搶奪祭品，演變成爲「搶孤」的風俗。

3. 至於發生在蘭陽地區有關於搶孤的經典詩作，則是出自於清領時期 1825 年（道光 5 年）6 月 8 日至 1826 年 12 月 27 日署理噶瑪蘭通判的烏竹芳，他曾經爲當時的蘭陽地方的中元節題詩〈蘭城中元〉一首：

序文（蘭每年七月十五夜，火炬燭天，笙歌喧市，沿溪放啗；

家家門首各搭高檯，排列供果。無賴之徒爭相奪食，名爲「搶孤」。）

穀果層層列此筵，紙錢焚處起雲煙。滿城香燭人依戶，一路歌聲月在天。

明滅燈光隨水轉，輝煌火炬繞街旋。鬼餘爭食齊環向，跳躍高臺欲奪先。〔註 20〕

本詩作以〈蘭城中元〉爲題名，但是對中元祭拜，放水燈等儀式，尤其末兩句「**鬼餘爭食齊環向，跳躍高臺欲奪先。**」對搶孤活動都有詳盡、生動的描述。烏竹芳這首詩的附註記載：「（蘭每年七月十五夜，火炬燭天，笙歌喧市，沿溪放啗；家家門首各搭高檯，排列供果。無賴之徒爭相奪食，名爲『**搶孤**』。），則是明明確確地寫出「**搶孤**」這名詞。

〔註 19〕 郭弘斌，《滿清據台二一三》（台北縣：台灣歷史眞相還原協會 2004 年 06 月），頁 120。

滿清對渡台禁令演變時程表：

1684 年（康熙 23 年）依施琅之議，滿清頒布渡台禁令三條。

1719 年（康熙 58 年）依閩浙總督羅覺滿保之議，清廷重申渡台禁令。

1729 年（雍正 7 年）再度重申渡台禁令。

1732 年（雍正 10 年）廣東巡府鄂爾達奏請准予渡台者攜眷。

1740 年（乾隆 5 年）閩浙總督郝玉麟以開禁後弊病叢生，再度禁止。

1746 年（乾隆 11 年）戶科奏請開攜眷令。

1748 年（乾隆 13 年）閩浙總督喀爾吉善奏請攜眷以一年爲限。

1760 年（乾隆 25 年）福建巡撫吳士功，奏請開禁但以一年爲限。

1761 年（乾隆 26 年）閩浙總督楊廷璋，奏請嚴禁渡台及禁攜眷。

1788 年（乾隆 53 年）陝甘總督福康安奏請廢止攜眷禁令。

1874 年（同治 13 年）依福建巡撫沈葆楨之議，渡台禁令廢止。（離台灣割日僅剩下 21 年）。

〔註 20〕 方豪主編，《臺灣方志彙編第一輯第八冊，陳淑均總纂「噶瑪蘭廳志」》（台北市陽明山：國防研究院 1968 年），頁 402。

這是蘭陽地區有關於搶孤的最早記載，但是翻遍 19 世紀付梓的《噶瑪蘭志略》、《噶瑪蘭廳志》皆未能看到有關於在蘭陽地區搶孤的文獻或任何詩作提及「頭城」，而上述烏竹芳詩作的題名更是只有「蘭城」。宜蘭，原無地名，1812 年（嘉慶十七年）清政府在五圍三結街（今宜蘭市）以原住民語的「噶瑪蘭」為名設噶瑪蘭廳。〔註21〕因此，烏竹芳的詩所寫的地點卻是清楚地寫著「蘭城中元」，由此推論並非以「頭城」為題。

4. 1832 年成稿的《彰化縣志》錄入藝文篇中一首由陳學聖所寫的一首詩題名為〈搶孤〉的七言絕句：

　　高閣憑空跨市墟，牡粢羅列紙旗紓。健兒學得飛騰法，鬩捷爭先號搶孤。〔註22〕

由此詩作的「高閣憑空」可見必先豎高柱才能憑空，檯上有樓房（閣）擺列供品（牡粢羅列），普度用的紙旗隨風飄揚（紙旗紓），與賽者（健兒）個個練得像飛簷走壁似的飛騰法，爭先恐後地比快（鬩捷爭先）去搶孤。本詩不但描繪出普度的盛況同時也將搶孤描寫得淋漓盡致。

5. 1882 年（光緒 8 年），宦遊來臺的黃逢昶，字曉墀，湖南湘陰人，曾奉委宜蘭催收城捐事，在其《臺灣生熟番記事》所收〈臺灣竹枝詞〉的作品中也有跟搶孤有關的詩作：

　　中元殽果列層臺，夜夜燈花繞市闤。鴨作高山雞作塔，人人競說搶孤來。自註：

　　臺俗，中元家家燈燭輝煌，並結綵燈，多至千萬；笙歌鼓舞，夜夜遊街：名放水燈。豬羊雞鴨，砌成山塔；百盤果品海菜，羅列高臺。無賴之徒，爭相奪食，名曰「搶孤」。搶時雖有地方官率弁勇監督，猶不免傷人。鄉城用費，須十數萬金。〔註23〕

正因為黃逢昶於光緒年間曾奉委宜蘭催收城捐事，可能也目睹過如同上述道光年間噶瑪蘭通判烏竹芳所寫的〈蘭城中元〉的搶孤現場也說不定。

因此，「搶孤」的字眼首度出現在 1760～1764 年（乾隆 25～29 年）由余文儀修纂的《續修臺灣府志》所收錄的孫霖的〈赤嵌竹枝詞〉後，歷經一百餘年，搶孤的記載也陸續出現在各個不同的文獻中。所以說，「搶孤活動」在

〔註21〕方豪主編，《臺灣方志彙編第一輯第八冊，陳淑均總纂「噶瑪蘭志」》，頁 53。
〔註22〕方豪主編，《臺灣方志彙編第一輯第六冊，周璽總纂「彰化縣志」》（台北市陽明山：國防研究院 1968 年），頁 477。
〔註23〕黃逢昶，《臺灣生熟番記事》（臺北市：臺灣銀行 1960 年 04 月），頁 27～28。

台灣的的歷史上，在不同的地方，不同的年代，此起彼落，都斷斷續續並一直延續在舉辦著。

（二）孤棧

「搶孤」一詞既已於孫霖的〈赤嵌竹枝詞〉中確立，而跟搶孤有關聯的配套器具及其新的名詞也在後續的詩作記載中因應而產生。

吳子光參與修纂 1871 年（同治 10 年）付梓的《淡水廳志》卷十一〈考一・風俗考・風俗〉中除了描述了搶孤的風俗外，也提及「**孤棧**」：

> （七月）凡一月之間，家家普渡，即盂蘭會也，不獨中元一日耳。俗傳七月初一日爲開地獄，三十日爲閉地獄，延僧登壇施食，祭無祀之魂。寺廟亦各建醮兩三日不等。惟先一夜燃放水燈，各給小燈，編姓爲隊，絃歌喧填，燭光如晝，陳設相耀，演劇殆無虛夕。例集一所，牲醴饌具，積如山陵，植竹高懸，其名曰：「棧」。主事持械守護，謂之：「壓孤」。鑼聲鳴則群起而奪，謂之：「搶孤」。文武官弁必赴所彈壓。〔註24〕

根據吳子光的敘述，「**棧**」字首度出現在《淡水廳志》的〈風俗考〉的記載之中。「**孤棧**」也就是豎立在孤棚平台上的 13 座由杉木、青竹編紮而成的圓錐體。〔註25〕其形狀就像放大了的玉米穗。

值得一提的是，「**棧**」字依「新竹縣志初稿」所載：「凡普度，例集一所，犧牲、餚饌排列成行，又編竹爲圓形，上小下大，懸掛雞、豚、鵝、鴨等肉，曰「淺」；雖古之肉林，亦不是過。」〔註26〕

根據此文獻的記載，「**棧**」字的標準讀音爲上一行所揭示之「**淺**」，台語音「淺」即爲（教會羅馬拼音的：chhián），因此，「**孤棧**」自古即有其固定的讀音：「**koo chhián**」，這個讀音在頭城地區，不僅是對搶孤有了解的人士，甚至是一般社會大眾，都絕對不會讀錯。所以，萬萬不宜照一般北京話的唸法。

而吳子光修纂的《淡水廳志》〈風俗考〉中所描述的風俗，也足以佐證了在當時的北臺灣也有過搶孤的記錄。

〔註24〕方豪主編，《臺灣方志彙編第一輯第九冊，（2）陳培桂修「淡水廳志」》（台北市陽明山：國防研究院 1968 年），頁 299。

〔註25〕蔡文婷，《台灣民俗筆記》（台北市：光華雜誌 2007 年 09 月），頁 151。

〔註26〕方豪主編，《臺灣方志彙編第十二冊，（2）「新竹縣志初稿」》（台北市陽明山：國防研究所 1968 年），頁 181。

（三）孤棚

許南英《窺園留草》〈臺灣竹枝詞〉（1886 年作）：

　　盂蘭大會最聞名，雞鴨豚魚飯菜羹。一棒鑼聲初入耳，有人奮勇上

　　孤棚。〔註27〕

本首竹枝詞所寫盂蘭會的盛況，在當時已經是非常流行（**聞名**），供品**雞鴨豚魚飯菜羹**一應俱全。鑼聲一響，有人「奮勇上孤棚」很顯然就是搶孤活動中爬上孤棚的情況。

此詩作不僅描述搶孤的情形，而且首度引用了搶孤活動中的「**孤棚**」字眼。換句話說，依「孤棚小檔案」〔註28〕的解釋，「孤棚：整座孤棚分為底部的『孤柱』，中間的『孤棚平台』，上方的『孤棧』，還有孤棧頂端的『順風旗』。」，這也是「孤棚」一詞被引用的開始。

第三節　外國人筆下的搶孤記載

搶孤的記載不僅在的清領時期的文獻中有記載，就是居住台灣的外國人的長老教會喬治馬偕（G. Mackay）在他的宣教回憶錄《From Far Formosa》裡頭也有一段記載：

　　我所見過最盛大和可怕的場面就是「七月節」的祭拜。七月要祭拜
　　所有的亡魂，是很重要的祭拜月份。臺灣每個城鎮都會找一個空曠
　　的地方，用竹竿搭建錐體型的架子，底部直徑約五到十呎，高度有
　　時可到五十或六十呎。在這架子的四周，從上到下掛滿著成串要供
　　給神吃的食物，包括有死鴨或活鴨，或較小隻的家禽、豬肉、魚、
　　糕餅、香蕉、鳳梨等，以及各種美食，而場地四處都掛著數百個串
　　成的鞭炮。有一次，我在艋舺甚至看到搭建有五十座這樣的架子。
　　這種場面看起來實在可怕。到了晚上，就是招魂的時候，每個架子
　　都被數十個燭火照得通明，然後數個道士就步上一座架高的臺子各
　　就各位，擊掌後敲打大銅鑼，以招亡魂來享用所準備的食物，並讓
　　亡魂有充裕的時間可從「黑暗和陰間」來好好的飽享食物的「靈性」
　　部分，這部分，正合於他們陰間的需要。而在同時，卻有數千個非

─────────────

〔註27〕許南英，《窺園留草（一）》（臺北市：臺灣銀行 1962 年），頁 10。

〔註28〕蔡文婷，《台灣民俗筆記》，頁 151。

常不靈性的飢餓群眾，包括乞丐、流浪漢、無賴漢等等，從附近各鄉鎮、市區貧民窟，或躲藏的暗處漸漸擁擠靠近祭祀場，而且人數愈來愈多，都迫不及待的等著輪到他們吃的時刻。當亡魂享用完靈性的部分，剩下的肉體部分就是屬於這群人的，他們可自由來拿取這部分。只是等的時間似乎非常久，最後，亡魂像是飽足了，而銅鑼聲再度被敲響，表示輪到這群人的時刻了。但在第一聲還沒完全響完，全場看到的就是一大堆的手、腳和舌頭。此時，吼叫聲、咒罵聲、哀號聲四起，像是地獄的鬼叫。大家衝向各個架子，最先趕到的，就抓著架子的支柱，左右用力的搖，直到整個架子被拉垮在地上，然後大家就自顧自的搶食物。大家瘋狂的吼叫，有的跌倒被踩在地上，有的被壓在倒下來的竹架下。大家像瘋狗一樣的搶來搶去，為的是要得到所垂涎之物。場面本已夠亂，再加上鞭炮聲此起彼落，使得整個場面更加的混亂。每個人搶到幾乎拿不動後，就緊緊抓著搶到的，設法要從人群中逃脫出去，但那些擠在外圍沒搶到甚麼得，就渴望從搶得滿滿的人的手中奪取食物。若逃脫了這群虎視眈眈的搶徒，急忙回家時，在路上，還得擔心那些懶得與大家到現場搶卻在半路攔截的搶徒。

這種節祭方式會使社會變得多麼敗壞，實在令人難以評估。也幸虧開明先進的巡撫劉銘傳有先見之明，把這種野蠻的「七月節」祭典廢了，使得臺灣不會再見到上述這種可怕的情景。〔註29〕

　　本文是由馬偕所記錄下來的清領時期最後的搶孤的記載，因為過了不久台灣就被滿清政府割讓給日本了。

　　本篇馬偕宣教回憶錄中，對於「孤棧」的規模、尺寸有明確的描述：「臺灣每個城鎮都會找一個空曠的地方，用竹竿搭建錐體型的架子，底部直徑約五到十呎，高度有時可到五十或六十呎。搭在這架子的四周，從上到下掛滿著成串要供給神吃的食物，包括有死鴨或活鴨，或較小隻的家禽、豬肉、魚、糕餅、香蕉、鳳梨等，以及各種美食」。換算公制單位，其底部約為 152.4～304.8 公分，遠大於 2008 年的孤棧底部寬度；孤棧高度方面，五十到六十呎

〔註29〕林晚生譯，《福爾摩沙記事：馬偕臺灣回憶錄》（Mackay G.原著），（《From Far Formosa: The island, its People and Mission.》），（原著出版於 1985 年）。臺北：前衛出版社 2007 年，頁 120～121。

爲公制單位 1524～1828.8 公分，依照這樣的規格，可以發現與現行的孤棧形制略有不同。〔註30〕但其上懸掛的祭品，則與現代類似。

第四節　清領搶孤的社會意涵

　　清領時期在台灣的 212 年（1683～1895），搶孤的記載散見於各文獻之中，要了解搶孤之所以發生及發展，從各文獻的內容去分析，將會有更清晰的看法去了解在各個不同時段中所呈現出來的各個不同的文化內涵。

一、經常動亂的台灣

　　台灣爲一個移墾的社會，在十七世紀初已有少數漢人，當時荷蘭爲了開發台灣的經濟產能，自 1637 年開始從大清帝國的閩南引進漢人，前後約有兩萬人進入台灣。鄭成功打敗荷蘭後，1661～1683 年間經營台灣，卻於1663 和 1674 連連西征中國沿海，失利後，被清廷消滅反被併入大清版圖。此後的清領統治期間，台灣的內部問題叢生，動亂經常發生，大致有如下情形：

　　（一）渡台的移民跟原住民因劃定「番界」的土地政策引發的衝突。

　　（二）官逼民反的「民變」（反抗統治者的變亂）。台灣俗諺有「三年一小反，五年一大反」。〔註31〕較有名的「三大民變」爲：1721 年（康熙 60 年）的朱一貴事件，1786 年（乾隆 51 年）的林爽文事件，1862 年（同治元年）的戴潮春事件。

　　（三）族群問題暴發六十多次械鬥衝突。最尖銳的「福客爭」（閩客械鬥），其次是「漳泉拼」（漳泉械鬥）。此外，不同宗親之間也鬥，不同庄（村莊）之間也鬥，連民間樂團之間也有「西皮」和「福祿」的衝突……。台灣的械鬥，林林總總。〔註32〕

　　從十七世紀初到十九世紀末，由荷西到明鄭，再歷經清領凡兩百多年，

〔註30〕姚伯勳，〈孤棚篇〉收錄於《頭城搶孤民俗保存與文化創意產業結合之研究》（宜蘭：蘭陽技術學院 2008 年 09 月 30 日），頁 154～155。

〔註31〕郭弘斌，《滿清據台二一三》（台北：台灣歷史眞相還原協會 2004 年 06 月），頁 34～46。依作者統計自 1696 年（康熙三十五年）至 1892 年（光緒十八年）有記錄的反清起義事件有一百三十八件。

〔註32〕向陽執筆，《台灣的故事》（臺北縣淡水鎮：群策會李登輝學校 2004），頁 30～31，49～51。

台灣從中國東南沿海來的移墾者，大部份時間是處於移墾而來的漢人與原住民的戰鬥，民間與官府的對抗，以及內部族群或宗族之間的械鬥內耗。經常動亂的台灣社會，當然會產生眾多的社會邊緣人，幾乎在清領時期的台灣的搶孤文獻中，都伴隨著有社會邊緣人的記載。

二、台灣的社會邊緣人

「邊緣人」（marginal man）或「邊際人」一詞，在 1980 年代屢見於國內的文獻，學者通稱謂指生活在兩個文化團體之間，而具認同危機的人群，如大學生、都市遊民、外省籍退役老兵、台灣高山族（瞿海源，1984），山地村落中的平地籍雜貨店主人（李亦園，1979：25～26），高山族知識份子（高正義，1981：13～14），遷居都市地區的高山族（林金泡，1983：87；輔大社會研究中心，1979：29，98）等。這些文獻應用傳統的社會學概念來解析社會中調適困難的人群。〔註33〕

在查閱眾多的文獻之中，舉凡描述搶孤的參與者，經常出現最多的字眼是「貧民」、「羅漢腳」、「無賴之徒（子）」、「惡（無賴）少年」等這一些社會邊緣人，很實際地在爭奪祭品。

馬偕的《福爾摩沙紀事》中更直指這些社會邊緣人是「非常不靈性的飢餓群眾，包括乞丐、流浪漢、無賴漢等等」。馬偕依其神學博士的背景，簡要地分析食物「靈性」的部分係供給陰間亡靈，而食物「肉體」的部分，則是提供這些「非常不靈性」的社會邊緣人飽足一時。馬偕博士的觀點明確地指引出清領時期社會邊緣人跟搶孤的相互關係。

下面將清領時期的方志或其他文獻中，最具社會邊緣人，包括「羅漢腳」、「無賴之徒」、「無業棍徒」、「遊民」、「乞食」、「打降」等等敘述如下：

（一）羅漢腳

在移墾階段的清領初期，因為清政府的禁止移民攜眷渡臺的規定所及，當時在台灣的漢人，除了呈現出移墾社會都會有的男女比例懸殊之現象外，更造成了早期台灣特殊的人口結構。亦即人口的年齡組成，呈現壯年男子為主，老年人其次，婦女又次，幼童最少的現象。這種社會人口的年齡差異現象在清初移墾時期則尤為明顯。

〔註33〕傅仰止，〈「邊際人」的理論傳承〉（中國社會學刊第九期 1985 年 09 月），頁123。

戴文鋒引述 1728 年（雍正 6 年）時，藍鼎元〈經理台灣疏〉所云：「統計台灣一府，惟中路台邑所屬，有夫妻子女之人民。自北路諸羅、彰化以北，淡水、雞籠山後千有餘里，通共婦女不及數百人；南路鳳山、新園、琅嶠以下四、五百里，婦女亦不及數百人。」〔註34〕這種婦女幼童人口比例稀少的社會，必然衍生出各府縣無父母妻子之繫累者「羅漢腳」，群聚結黨，隨處移游的治安問題。〔註35〕

陳盛韶在《問俗錄》卷六鹿港廳〈羅漢腳（台灣的地痞流氓）〉條所寫：「……在台灣，沒有田宅、妻子，不是讀書人也不是農人，不是工人也不是商人，不被顧用者俗稱爲「羅漢腳」。羅漢腳參與嫖妓、賭博、竊盜、械鬥等做盡一切壞事。爲何稱他們爲羅漢腳呢？因爲他們都是獨身，整天遊蕩乞食，結黨結派，衣衫襤褸……」〔註36〕，這是對羅漢腳的最貼切的注解。

（二）無賴之徒

朱景英在他的《海東札記》卷 3〈記氣習〉中有寫道：「台灣更有一種無賴之人，出則持挺，行必佈刀。或藪巨莊，或潛深谷，招呼朋類，謅誘蚩愚。始而伏黨群偷，繼而攔途橫奪，蓋梗化之尤者。初方目爲羅漢腳，而治之不早，將有鴟張之勢。」〔註37〕，此亦爲對無賴之徒的最深入的詮釋。

（三）無業棍徒

《東瀛識略》中記載：「臺地物阜民殷，人多尚義，俗宜醇樸；乃有相沿陋習，如輕生、好鬥、信鬼、嗜博，牢不可破，致富者因之而貧，貧者因之而不肖。……設場誘賭，例禁綦嚴，又莠民之甘冒大不韙者，大抵無田可業、無藝能操，而又不慣做苦，捨而他圖，計惟爲竊爲匪而已。……其視性命如鴻毛輕者，往往無業棍徒一、二人倡之，眾即從而效之和之，遂致如水橫決，不復可制。……」。〔註38〕東瀛識略對這些無業莠民的描述甚爲詳細深入。

〔註34〕藍鼎元〈鹿州奏疏〉，頁 10～11。收錄在沈雲龍主編，《近代中國史料叢刊續編第 41 輯》（台北市永和：文海出版社有限公司 1977 年 4 月）。

〔註35〕戴文鋒，《清代台灣的社會救濟事業》（台南市：國立成功大學歷史語言研究所碩士論文 1991 年 06 月），頁 62～63。

〔註36〕陳盛韶，《問俗錄：福建、臺灣的民俗與社會》（台北市：武陵出版有限公司 1991 年 10 月），頁 175。

〔註37〕朱景英，《海東札記》（台北市：成文出版有限公司 1983 年 3 月），頁 29～30。

〔註38〕丁紹儀，《東瀛識略》（台北市：台灣銀行 1957 年 09 月），頁 36～37。

（四）游民

滿清渡台官吏姚瑩〔註 39〕曾經在上書給當時閩浙總督趙文恪的建言「臺灣班兵議（上），臺灣班兵議（下）」文章中曾對游民有所解釋及說明「…二曰游民……無業之民，偷渡日多，非遊聚市廛，則肆為盜，捕治不勝其眾。……且若輩惰遊無根，小不遂意，及或犯法，則逃去無所顧忌，若操之稍急，又鼓噪為變。一旦姦民蠢動，此輩皆其逆黨矣…」。〔註 40〕

姚瑩於 1821 年（道光 21 年）曾經擔任過噶瑪蘭（宜蘭）的通判，他的後任的尚有羅道、吳秉綸、羅道、呂志恆等（三位四任）〔註 41〕，到了 1825 年（道光 5 年）的繼任者烏竹芳便有他所寫的有〈蘭城中元〉搶孤的詩作。姑不論姚瑩是否也曾經實地觀看過宜蘭境內的搶孤，但是由他擔任過噶瑪蘭通判一職，由他日後呈給上級的公文中的用語來詮釋「游民」乙詞，理應是最適得其所的。

（五）乞食

清代政府對於乞丐的收容情形，文獻多付之闕如；而乞食和乞食寮的記載，舊志也少有輯錄。

不過，戴文鋒由台灣的碑碣也能得知有關乞丐的情形。如乾隆時鳳山縣港西里（今屏東里港鄉）之地，即有「一種流丐，身無殘疾，三五成群，每逢朔望，沿街強乞，稍拂其欲，恃赤圖賴；一種羅漢腳，不事生產，潛入街市，混竊剪絡，擾害商民。」〔註 42〕

乞丐在台灣又稱「乞食」，一般又可分成當地的土丐和由外地流浪而來的

〔註39〕姚瑩本以為文見長，為桐城派學者之一。1808 年考中進士，1819 年被派往台灣擔任海防同知。1821 年因故貶至噶瑪蘭（宜蘭）任通判。1831 年調回江蘇，1838 年再調升台灣道，成為台灣最高軍政省長。網路資料來源：http://zh.wikipedia.org/zh-tw/%E5%A7%9A%E7%91%A9。

〔註40〕張雄潮，〈清循吏姚瑩治臺事蹟及其經世文章〉（台北市：台灣省文獻委員會第 15 期第 1 期 1964 年 03 月 27 日），頁 201。

〔註41〕陳淑均總纂，《噶瑪蘭廳志》（台北市：行政院文化建設委員會 2006 年），頁 136。噶瑪蘭通判姚瑩（道光元年正月二十四日署），羅道（道光元年九月初一日護），吳秉綸（道光二年二月初六日署），羅道（道光二年十一月初五日再護），呂志恆（道光三年七月初一日借補），烏竹芳（道光五年六月初八日署）。

〔註42〕戴文鋒，《清代台灣的社會救濟事業》（台南市：國立成功大學歷史語言研究所碩士論文 1991 年 06），頁 119～121；又見〈禁開賭、強乞，剪絡碑〉，《鳳山縣采訪冊》壬部藝文〈碑碣〉。

流丐。而乞丐所住的地方稱之為「丐院」也就是俗稱的「乞食寮」，依片岡巖的《台灣風俗誌》中有一則關於乞食寮的記載曰：「所謂乞食寮，原來是叫做『養濟院』」。〔註43〕但是清領時期台灣對乞食寮這種機構收容乞丐之態度是重於收容管束，而輕於救助濟養。

上面章節的清領時期的文獻中，舉凡「貧民」、「羅漢腳」、「無賴之徒」、以及「乞丐」等這些社會邊緣人的字眼，也經常伴隨著搶孤的記載出現在各方志、詩作或是詩作的註記。如：

1. 1751 年（乾隆 16 年）王必昌修纂的《重修臺灣縣志》卷十二〈風土志・風俗〉中則載：

   「…十五日作盂蘭會。數日前，**好事者**醵金為首，延僧眾作道場，將會中人年月生辰列疏；又搭高臺，陳設餅餌果品，牲牢堆盤二三尺，至夜分同羹飯施燄口，謂之普度。供畢，縱**貧**民上檯爭相奪取，每釀事端。…」

2. 1774 年（乾隆 39 年）刊行的余文儀修纂的《續修臺灣府志》卷二十六〈藝文七・詩四〉收錄了孫霖的〈赤嵌竹枝詞〉：

   結緣纏過又中元，施食層臺士井喧；三令手除羅漢腳，只教普度鬧黃昏。

   （自註）：台俗七月，……是月也，最多「羅漢腳」，搶孤打降，……」。

3. 清領時期 1825 年（道光 5 年）6 月 8 日至（道光 6 年）12 月 27 日署理噶瑪蘭通判烏竹芳，在他為當時的蘭陽地方的中元節所題〈蘭城中元〉一詩的序文：

   〈蘭城中元〉序文（蘭每年七月十五夜，火炬燭天，笙歌喧市，沿溪放焰；家家門首各搭高檯，排列供果。**無賴之徒**爭相奪食，名為搶孤）

4. 甚至於喬治馬偕（G. Mackay）在它的宣教回憶錄《From Far Formosa》裡頭描述搶孤情節，也有一段記載著：

   「……而在同時，卻有數千個非常不靈性的飢餓群眾，包括乞丐、**流浪漢、無賴漢**等等，從附近各鄉鎮、市區貧民窟，或躲藏的暗處漸漸擁擠靠近祭祀場，而且人數愈來愈多，都迫不及待的等著輪到他們吃的時刻……」。

〔註43〕片岡巖著，《臺灣風俗誌》（台北市：台灣日日新報發行 1921 年 02 月 10 日），頁 188。

（六）打降

除了上述五種比較典型的所謂的社會邊緣人之外，比較特別的是，第2）項的孫霖的〈赤嵌竹枝詞〉的〔自註〕中提到「搶孤打降」的字眼，「打降」或許類似我們現代一般民眾所認知的犯罪集團或暴力集團。

「打降」乙詞，最早見於崇禎《嘉興縣志》，該書編纂者黃承昊亦有如下的敘述：

> 「而袖手遊閒者，肩摩踵接，洒若打降惡少，飲血結盟，十百成群，一呼畢集……」。〔註44〕

又，《康熙崇明縣志》，卷六，〈風物志，習俗〉，亦有「打降」的記載：「崇邑向有打行。打行者云打爲行業也，又名打降，猶降伏之降也……」。〔註45〕

根據上述，「打降」由「打行」衍生而來，亦即以「打」爲行業。最早出現於宣德年間，爲地方無賴所組成的團體，活動縱貫明清兩代，影響地方民眾生活甚鉅，是當時一個不可忽視的無賴團體。〔註46〕套一句現代的術語，那就是「暴力集團」，或是如同「Mafia」的黑手黨。

三、社會救濟與布施

清領初期移墾社會的台灣，既然有爲數眾多的社會邊緣人，若沒有妥善的處理辦法，每易孳生事端，造成社會的不安。官府治台不力，只得借助民間的救濟，或可收一時的安定之作用。

社會福利是近代國家才興起的觀念，在大清帝國在社會福利觀念未興起之前，已存在的只是社會救濟事業，無論是官辦或係民營，多含有濃厚的慈善性質，即其動機多出於惻隱之心或以施捨爲主，而未將之視爲政府責任。〔註47〕

社會福利慈善濟貧的發展，從明末至清末雖有數量的增加及結構、種類的變化，但卻未將救濟視爲經濟問題，重點仍放在施善者的意願爲主，非以受助者的需求爲焦點，即慈善組織功能及角色仍停留在保守的意識型態，以「教化」任務的灌輸，及維護社會秩序與價值爲主，並沒有眞正解決窮人的

〔註44〕（明）羅炌修，黃承昊纂《嘉興縣志》（北京：書目文獻出版社1991年10月），頁638。

〔註45〕朱衣點等撰，《重修崇明縣志》，收錄於《稀見中國地方志彙刊第一冊》（北京：中國書局2007年2月），頁869。

〔註46〕蔡惠琴，〈明清無賴集團之一──「打行」探析〉（輔仁大學歷史學報第八期1996年12月），頁126～128。

〔註47〕戴文鋒，《清代台灣的社會救濟事業》，頁1。

問題，因此當社會劇烈變遷後，效果自然不彰。〔註48〕

（一）慈悲的救濟

佛教自魏晉南北朝由印度傳入中國後，經過歷史的演變已經跟中原地區的道教融合。佛教基本精神的「慈悲」亦是佛教的專有名詞。《大智度論》說：「大慈予一切眾生樂，大悲拔一切眾生苦。」，大慈大悲已深入人心。

清末割台之前，台灣的社會救濟行爲已具規模。當時的救濟事業已在臺灣各地普遍實施，可分好幾種方式，而且所設救濟機構，又有不同的名目。其中跟廟宇有關的大約有：設義塚爲客死枯骸埋葬之所，另外，設萬善同歸，有應公等，爲辦理散亂枯骨的收埋用。〔註49〕

至於清領時期的臺灣，慈善、行善雖然名目不同，動機有所變異，但概以「救貧濟弱」爲中心思想。從地方士紳結合儒、道、釋的傳統社會的「慈善性」的社會救濟事業，已然在社會上凝結成一股力量。雖然沒有社會福利之名，但是已經有社會救濟之實。

（二）布施

「布施」這兩個字，在印度梵文叫「檀那」（Dāna）；檀那的意思是把福利普遍施給大家，我們簡譯成布施，這在中文裏經常被廣泛運用。而於佛法上，一切布施都不求任何代價的，這種利益群生的舉動非但不求回報，更無貴賤親疏的分別。但在一般世俗心理，有些人只施其自己熟識的人，於陌生人則否。因此，在行布施時，應不分親疏，一視同仁，能捨皆捨。〔註50〕

佛教的慈悲觀、菩薩行在社會實踐中的開展，則表現爲以布施爲核心的社會慈善事業。布施原爲佛陀勸導優婆塞等的行法，其本義爲以衣、食等物施與大德及貧窮者。〔註51〕

台灣本土的宗教儀式中，每年舊七月的中元普度祭祀活動，對流亡在人間的孤魂野鬼也是超度與祭拜一起來，形成台灣民間極具特色的「普度」文化。

〔註48〕陳燕禎，〈台灣社會福利發展──日治時代社會福利機構的歷史探討〉（社區發展季刊第 109 期 2005 年 03 月），頁 232。

〔註49〕陳國鈞，〈臺灣社會救濟檢討〉（中國地方自治第 4 卷第 5 期 1955 年 02 月 01 日），頁 14。

〔註50〕朱斐講，麻懷尹記，〈布施歡喜可以改善人生──於臺中市逢甲工商學院普覺學社講──〉（菩提樹第 242／243 期合刊 1973 年 01 月），頁 31。

〔註51〕明悟，〈佛教社會福利的理念〉（海潮音第 87 卷第 12 期 2006 年 12 月），頁 3。

廟寺的「祭祀」原本就是台灣最為普遍的民俗，但是儀式少不了供品，古今中外皆然。而儀式過後不分親疏，開放供品任由民眾分取，台灣佛、道合一，道教的廟宇也提供佛教的布施行為。

四、廟宇興起

人類生活的過程中，一旦遇到天災、人禍、戰爭的發生，疾病、傷亡等等這些往往導致死亡的因素也會接踵而來。由於人類經常處於這種不能由自己能力所控制的狀況，於是宗教的信仰就從人們心中產生。

（一）移墾社會的信仰習俗

台灣的廟宇正如同西洋的教會，自不待言是信徒集會及膜拜的所在。也與一般居民的文化及知識水平和信仰有關。

清領時期的台灣先民，在移墾草創初期，由於閩粵居民遠渡重洋，先經風浪之險，抵臺之後又受瘴癘之氣，天災、地變等因素，以至於心靈上終日惶惶，因此消災求福之心甚切。且更主要的是這些剛來台灣之先民，大多為一些三教九流等中下階層之士。所以更容易傾向宗教信仰乃至陷於迷信邪說，也如此，促進了寺廟萌芽的跡象。〔註52〕

（二）清朝治台不力

台灣的廟宇之所以興起與清政府的處理態度有關。臺灣被併入大清版圖之後，因為地處中國大陸邊陲海角之一隅，滿清政府並無積極開拓治理的鴻圖，只任令居民自生自滅，這也是造成造成所謂「三年一小亂、五年一大亂」的主因之一，所以，社會長期處於不穩定的狀態。當時的台灣，治安不良，海上有海盜橫行，陸上有土匪肆虐。平時對付偷雞摸狗之輩，以村落本身的防衛是綽綽有餘，但是碰到大亂或汪洋大盜、巨匪等，則力有未逮。為了防衛的目的，集鎮區內的村落組成聯防莊，並共建社區廟宇作為全社區的集體象徵。並透過主祭神的共同祭祀來維繫社區內居民的感情，藉以培養或強化居民的集體意識。因此社區廟宇的出現，不僅是新社會形成的象徵也表示漢人社會在當地確立了不動的根基。

〔註52〕張金鶚，〈台灣廟宇建築與人民生活信仰〉（台灣文獻第29卷第3期1998年10月），頁167。引述劉萬枝，〈清代台灣之寺廟（一）〉（台北文獻第4期1963年06月30日），頁101。

因此，庄廟不只是村落或社區的宗教社會活動中心，也是實際治理及防衛的樞紐。有人曾替宗教下定義說：「宗教是對廟裏神聖事物的信仰體系，也實際由它結合了一個社區。」若以此來說明臺灣庄廟與社區組成的關係，應是最適當不過的了。自古以來，歷朝的實際統治力量，一般都僅限於城市或官衙所在地，而大部份的鄉村地區均委諸一種近乎自治的狀態中。由於臺灣被清政府視為邊陲化外之區，這種地方自治的狀態就更為顯著，往往雖有國家行政建置，實際的統治仍委諸地方仕紳鄉董。〔註53〕

（三）士紳、鄉董成為地方領袖

因為官、民都十分重視，廟宇漸漸成為社會活動中的重要環節。廟宇的住持皆由地方士紳及各界領袖出任，地方公共事務及糾紛大都在廟宇協調仲裁，商業活動也在廟宇四周進行。自古，廟宇所在，即為地方政治、經濟、文化、教育的中心所在地。〔註54〕

廟宇興起之後，在廟宇的宗教活動已成了多數台灣民眾日常生活中不可或缺的一部份。台灣的廟宇是人們祭祀神明信仰所託之處，也是居民集團的象徵。這些地方的宗教領袖最後往往成為地方的政治領袖。〔註55〕

（四）廟宇公普成為搶孤所在

台灣各地廟宇眾多，若普渡範圍涵蓋整個地方也視為公普。但是，往往規模盛大，花費甚鉅，必須以群體集資方式來進行聯合普度祭典。而規模較大的公普，往往伴隨著其他的附屬活動，而這些活動日後也就成為當地的重要歲時節日的經典儀式而聞名全台。〔註56〕

自古以來，每次廟宇活動大都由地方頭人發起，這些頭人也就是地方士紳鄉董。由於每次的祭典，花費不貲，每每都需要地方有力人士登高領導，大力支持，再透過地方各社區的募捐才能完成。這個操作方式，影響至大，到了日治時期，頭城開始舉辦搶孤以來，大都循著這個模式來辦理。

〔註53〕許嘉明，〈寺廟的社會功能〉（綜合月刊第 115 期 1978 年 06 月），頁 119。
〔註54〕蔡相煇，〈從歷史背景為台灣廟宇定位（上）〉（國魂 608 期 1996 年 07 月），頁 36。
〔註55〕許嘉明，〈寺廟的社會功能〉，頁 120。
〔註56〕黃進仕，《台灣民間「普渡」儀式研究》（嘉義縣：南華大學哲學研究所碩士論文 2000 年 06 月），頁 43。

五、小結

　　所以，在清領時期的台灣各方志，無論風土篇、風俗，輿地篇、藝文志或古典書籍之中，舉凡跟中元普度或是搶孤有關的記載，除了經常可以發現了「貧民」、「乞丐」、「羅漢腳」、「無賴之徒」等這些字眼之外，還有「游民」、「無業棍徒」以及「打降」等等的社會邊緣人的的蹤跡。這些名詞的一再出現，我們寧可相信這是清領時期在台灣社會上，身份比較特殊而又普遍存在的事實。

　　每當看到祭典儀式完畢，鑼聲一鳴則群起而奪取供品，試問一大群衣衫襤褸，蓬頭垢面，拼死拼活地去搶奪供品，這景象不正像是孤魂野鬼，成群結黨地起哄，你爭我奪，像是戰爭的場面一般。

　　雖然大清帝國在台灣，社會福利觀念尚未興起，但是社會救濟事業是存在的事實，無論士紳或鄉董，不管其動機是出於惻隱之心或出自以施捨為主，透過廟會的活動而廣為布施，確實含有濃厚的慈善性質。

　　在清領時期，「三五成群，每逢朔望，沿街強乞」，此事至為普遍。回溯五十幾年前的台灣，每逢舊曆朔望，乞食尚且如此沿門托缽，更遑論一世紀之前。職是之故，每至每年舊七月的中元節祭典之日，廟宇公普祭拜儀式之後，容許競奪供品的布施行為，自不待言，除了乞食以外，舉凡上述所謂社會邊緣人的「貧民」、「流民」、「羅漢腳」、「無賴之徒」等等，當然從四面八方而來，匯集一所，當是竭盡所能地強奪搶分施放的供品一番。

　　所以，清領時間的中元普度後發放祭拜的供品，在本質上談不上社會福利，其實也談不上社會救濟，頂多是廟宇活動的一種「布施」的行為而已，而此種「布施」只是在舊七月才有的，屬於一時性的，並非是恆常性的。而搶孤只是其祭典活動儀式後的延伸而已。

第三章　日治時期頭城搶孤興起的意涵

　　頭城的搶孤並不是歷史上的創舉，在清領時期或更早的年代也沒有文獻上的記錄。

　　日治之初，台灣人們的民俗信仰沿襲清領時期的舊慣例，每至農曆七月的中元普度仍然是大肆祭拜舖張。當時的台灣處於日本的殖民統治之下，而日本在東亞已算是比較現代、較具開發的國家，藉著印刷文字的公共媒體，《臺灣日日新報》〔註 1〕以及它前身的《台灣新報》，在日治上半期（1896～1920）對於台灣各地的普度都有詳盡的報導。

第一節　尚未出現搶孤的時期

　　當時主流媒體的《台灣日日新報》依時間順序，對於當時普度的報導，依時間順序，列舉如下：

　　一、1897 年（明治 30 年）8 月 22 日，《台灣新報》在它第 1 版一篇標題為「逐末舍本」的報導：

　　「蘭俗七月普度孤魂，各家戶殺生糜費，街市分街輪祭」。報紙稱蘭俗七月「請僧超度孤魂糜費最多」，文後又以「普度者祭物如山，糜費百金，又各一犧並祭祖先」大肆抨擊此「舍本乃爾也」。

　　而「街市分街輪祭」一語，泛指當時一般蘭陽地區的普度形態，但是此後的報導大都還是繞著宜蘭與羅東兩地。

〔註 1〕 戴月芳、羅吉甫主編，《台灣全記錄》（台北市：錦繡出版事業股份有限公司 2000 年 03 月續增訂版），頁 155。

二、1911 年（大正 1 年）8 月，傳統的舊曆七月的中元普度儀式恰與明治天皇的國喪撞期，故日本政府官方要求除繁就簡。但是當年 8 月 13 日「宜蘭通信」欄的「協議普施後聞」即描述當時：

> 「蘭城諸市街，每屆陰曆七月，例年分別市街，燃放水燈，普施孤魂，以作七次，內分七處廟宇，為慶讚中元，每處各三天。糜費之巨，實為全島之冠。」

故由此則報導，實可臆斷蘭城的民眾仍然依然固我，並未曾削減普度的規模。

三、1918 年（大正 7 年）8 月 17 日的「普施近狀」詳述了蘭城舊七月由城廟值普，擔綱者是「屠戶魚戶」。

「十五日值中北街、十八日南門街、廿一日北門口街、廿三日東門街、廿六日十六坎街、廿八日西門街」。此則為蘭城傳統的區域輪值。

四、1921 年（大正 10 年）8 月 8 日「蘭陽特訊」欄「蘭盆勝會」報導：

> 「舊例於七月中，分為七處，普施一眾孤魂，各處爭強鬥勝。現屆舊六月末日燃放水燈，翌日在宜蘭城隍廟前普施。前清時則此次屬在衙門中人斯其事，俗曰開鬼門。而此習慣，由來久矣。……各種於是夜燃放水燈，俱呈其巧，以博雅觀，欲誇耀人之耳目！」

五、1922 年（大正 11 年）9 月 6 日「羅東特訊」欄「慶讚中元」及 9 月 17 日的「羅東特訊」欄「普施先聲」報導詳稱：

> 「羅東街舊七月中之中元普施，分為三次而舉。例年第三次較第一、二次其鬧熱更盛！第三次即舊七月廿八日放水燈，同廿九日舉行普施。」

綜觀上述，《臺灣日日新報》對中元祭祀的報導，大部份均集中聚焦於宜蘭、羅東兩處郡治。但是 1920 年以前，《臺灣日日新報》的新聞卻未有隻字片語提及在宜蘭或羅東兩地有搶孤風俗的報導。雖然前面章節所述，1825 年代已有由烏竹芳所寫的〈蘭城中元〉的詩作，明確地記錄下有宜蘭城的搶孤，但是歷經約一百年後，宜蘭卻沒有再發現舉辦搶孤的記載。後來取而代之的卻是頭城的搶孤。

事實上，除了《台灣日日新報》尚有其他的媒體，如：《雜報》於 1906 年 07 月 24 日有以〈酌議普渡減期〉為題，1910 年 09 月 07 日以〈蘭城蘭會〉為題，以及《湖海琅國》於 1908 年 07 月 22 日以〈蘭陽近札／盂蘭準備〉為

題，雖然都對蘭陽地區的中元普度有相當的報導，可是仍舊未見以頭城爲主軸的消息。

第二節　頭城搶孤的正式登場

　　至於頭城搶孤則於何時開始興起則是吸引著當今研究者聚焦的眼光。而興起後的頭城搶孤又是代表著何種意義及內涵也是吸引著研究者的好奇及注意力並投入時間和精神去研究。

一、1923 年首見搶孤

　　我們從日治時代的主流媒體的《台灣日日新報》的報導，作爲分析：

　　（一）1923 年（大正 12 年）9 月 10 日的《台灣日日新報》的日文版以「宜蘭郡の中元祭，九日から三日間」（宜蘭郡的中元祭，從九日開始爲期三天）爲題目的報導，全文筆者翻譯如下：

> 「在宜蘭郡頭圍庄〔註2〕的中元祭是被稱爲蘭洋（陽）三郡下的代表性大祭，也是當地每年定例的節日。當天有數萬名觀眾從三郡蜂擁而來，這個大祭從九日晚上盛大的放水燈開始，連續舉行三天。鐵道部加開臨時列車以輸送觀眾。祭典的第二天，在數十丈高的「櫓」上，懸吊著供品並豎起旗子，由各庄選拔出來的健壯年輕選手們，競相攀登上高「櫓」奪取供品，宛如演出大爭奪殊死戰。雖是自古以來流傳的大祭，卻是非常受到歡迎。」

　　（二）隔幾天，1923 年（大正 12 年）9 月 16 日的《臺灣日日新報》日文版更以「蘭陽三郡の代表珍しいお祭り（下），それは頭圍の佛祖廟祭」（蘭陽三郡代表性的罕見祭典：頭圍的佛祖廟祭典）爲題的報導，也提到「櫓」。簡譯如下：

> 「…在佛祖廟前廣場的中央，以十根像桅桿的圓木組合而成高達三丈二尺的「櫓」……。」

　　林正芳以及邱彥貴，根據上述 1923 年 9 月 10 日的第（一）則報導，以及隔幾天 1923 年 9 月 16 日的第（二）則的報導，認爲這一年的兩篇報導，

〔註2〕　頭圍庄即頭城，見莊英章、吳文星纂修《頭城鎮志》（宜蘭縣頭城鎮：頭城鎮公所 1985 年 12 月），頁 69。

應該是有關於頭城搶孤的最早並且是較爲詳細的日文文獻。〔註3〕

上述兩篇有關於頭城搶孤的報導，一開始並沒有沿用古時候的搶孤一詞，但是卻有搶孤之實，只是報導文字不同的敘述而已。文中報導了臺灣中元祭典中恆見的放水燈之外，提到頭圍中元祭典最吸引人之處，即在高達數十丈的「櫓」上，搶奪「懸吊」著供品的特殊風俗，而這是「自古流傳的大祭，卻是非常受到歡迎。」。截至目前，一般咸信，假如沒有另外更早的文獻記載被發現引用，這應該是目前所知的頭城搶孤最早的記錄殆無疑議。

正因爲「搶孤」一詞尙未被引用，職是之故，清領時期附屬於搶孤的配套組合器具如：「孤棚」、「孤棧」、等用語，一時之間也尙未完全被引用上來。但是1923年9月16日的《台灣日日新報》的報導中，另有新的配套用語，翻譯如下：

> 「……鋪板上豎立有十三支長約二十餘尺放供品的塔，這是來自「舊十三庄」要施捨給鬼的供品。供品塔的形狀有如杉樹，用竹子當骨架，外面掛了滿滿的煮熟的雞、鴨、乾魷魚、魚、豬肉、米粉、粽子等供品，主要是雞和鴨約一千隻，豬肉一千五百斤、粽子七百五十斤，可想見是如何的盛大啊！各個供品塔的頂端更在二十尺長的綠竹子上樹立三角旗，具有上列設備的「高櫓」，稱爲「孤櫓」或「大櫓」。……」

這些稱爲「孤櫓」或「大櫓」的「高櫓」，亦即當今我們熟知的「孤棚及「孤棧」。

除了「孤櫓」、「大櫓」和其上面的供品塔外，另有如下描述的報導：

> 「另外還架設著有量起來高約一丈多、寬約五坪的「櫓」，櫓上有籠子，籠內堆放許多米飯，這個稱爲「飯櫓」。其他還有在大而長的平台上的籠子，也有堆積著如山的飯，這也稱爲「飯櫓」，這飯櫓上的飯只是準備施捨給乞丐的。」

這些準備施捨給乞丐的「飯櫓」。亦即當今吾人所熟悉的「飯棚」。

這二、三篇80餘年前的搶孤報導，算是首度已很完善的記錄了頭圍中元搶孤的緣起，也詳述了佛祖廟前的孤棚、孤棧與飯棚。以及中元儀式終了後，撼動人心的搶孤場面。

〔註3〕 邱彥貴，林正芳著〈歷史篇〉收錄於《頭城搶孤民俗保存與文化創意產業結合之研究》（宜蘭：蘭陽技術學院2008年09月30日），頁21～23。

二、搶孤及配套名詞的沿用

至於正式沿用「搶孤」這一個固有的名詞則是過了幾年之後。「搶孤」名詞正式被使用以後，「孤棚」這個名詞也被使用上來。

（一）搶孤

1926 年（昭和 1 年）9 月 5 日的《臺灣日日新報》則有「頭圍街盂蘭勝會」的報導，全文如下：

> 「宜蘭郡頭圍街之盂蘭盆會例年大舉，而本年尤張大規模，訂來六
> 日即古曆三十日實施。自十數日前，豫備一切。祭壇高三十八尺，
> 而壇上更有四十尺高塔。塔皆懸以雞豚肉魚類千貫，以備俗所謂「搶
> 孤」。建設該壇費千金，祭物四千餘圓。……」

這篇漢文的報導，最重要的是直書清代以來民間通俗所使用的「**搶孤**」兩字。

（二）孤棚

隔了二年的 1928 年（昭和 3 年）9 月 5 日的《臺灣日日新報》的漢文版以「宜蘭郡頭圍庄盆祭搶孤」爲標題，簡要預告了當年的搶孤，全文如下：

> 「宜蘭郡頭圍庄，照年例，於舊曆七月二十九、三十兩日，舉行盆
> 案〔祭〕。大放河燈，末日普施孤魂。高結**孤棚**，高有七丈有奇，棚
> 上陳列祭品，祭畢鳴鑼，以供諸健兒競奪。屆時熱鬧可知也。聞庄
> 當局爲圖觀客利便，擬向鐵道部申請臨時列車，現正交涉中云。」

1928 年的報導，除了直接以「搶孤」爲報導的標題以外，同時也將「孤棚」引用出來。

（三）凹頭棚（倒塌棚或倒翻棚）

倒塌棚的出現在 1923 年（大正 12 年）9 月 16 日的《臺灣日日新報》日文版以「蘭陽三郡の代表珍しいお祭り（下）、それは頭圍の佛祖廟祭」爲題的報導，筆者翻譯如下：

> 「在佛祖廟前廣場的中央……而在離地面三丈二尺的圓柱子頂端
> 處，用木板鋪設了量起來面積有二間半×三間〔約合 15 尺×18 尺〕
> 的高臺。然而這三丈二尺的圓柱並沒有腳踏立足之處，因爲高臺的
> 鋪板由大圓柱四方向外突出，量起來約有五尺。把它當作「蕃人」
> 在糧倉上裝設要阻止老鼠侵入的大型裝置就準沒錯。」

又，1929 年（昭和 4 年）9 月 5 日「頭圍搶孤，各地多往觀陋習」的報導全文如下：

> 「宜蘭郡頭圍庄，依年例，於去舊曆七月二十九日夜在佛祖廟前廣場普施。廟庭高設孤棚，高三十餘尺，四方杉柱，塗以牛油。棚頂陳列多數雞鴨、豚肉、粿粽，其他祭品。周圍特設「凹頭棚」，電光燦耀，歡迎一般獻技，分組競登各爭先欲奪中元旗；有自油柱上滑下者，有於凹頭棚傍，欲上不得，欲墜不能者。是日遠近各處多來觀覽，宜蘭鐵道部，為計觀客利便，特運轉臨時列車。又自動車乘客往來各回，俱見滿員。陋習如斯，誠為可嘆。」

1923 年和 1929 年這兩則《台灣日日新報》的報導，除了很罕見地引用「陋習」對搶孤有所批評，但仍然以「依年例」開頭報導，表示這是每年必行的儀式活動。有關於場地、孤棚等，仍然依舊描述，只是多了「凹頭棚」，而且孤柱已開始塗上動物性油脂。「凹頭棚」也就是當今吾人所熟悉的「倒塌棚」。

第三節　1930 年代的頭城搶孤

繼 1920 年代頭圍搶孤的登場以來，頭圍就以更耀眼的姿態出現在每年的媒體報導當中，它的風頭甚至掩蓋了素來以奢侈輪普佔了大幅版面的宜蘭和羅東。在這裡我們不憚其煩地，簡略地列舉如下：

一、場面愈形炙熱

（一）1930 年（昭和 5 年）9 月 21 日《臺灣日日新報》日文版則有以「宜蘭頭圍庄の佛祖廟祭，二十一日夜舉行」為標題的報導，筆者茲翻譯如下：

> 「二十一日在宜蘭郡頭圍庄佛祖廟舉行的廟祭，是該地有名的盛事。最特殊的是在三丈多的高檯上掛著祭祀的供品，為了奪取這些物品必須爬上塗滿了油滑溜溜的四根支柱。這種競技是當晚最受歡迎的節目。例年來此朝聖者達到三萬人，今年預期熱鬧非凡到必須加開臨時班車的程度。」

（二）1934 年（昭和 9 年）9 月 11 日《台灣日日新報》的「宜蘭近信」欄「頭圍搶孤」的事後報導：

> 「郡下頭圍庄慶讚中元，去舊二十九日夜，燃放河燈。……又三十日在寺前高搭孤棚，上列祭品，……十時揚煙火為號，各健兒，鼓

勇躍上，棚下人山人海。頭圍分室，特派多數警官，整理交通。而
壯丁團員，亦出爲援助。」

（三）1935 年（昭和 10 年）8 月 27 日的「頭圍佛祖廟：中元普施，高
棚競技」搶孤前的預先報導：

「宜蘭郡頭圍庄中元祭典，照年例于來八月二十八日即古曆七月三
十日，在頭圍佛祖廟前廣場，設祭壇。建立高棚，四十餘尺，上置
諸祭品普施。入夜十時餘，各柱競技，供一般觀覽。**聞此種高棚競
技，稱爲臺灣全島唯一**。每年各地人士，觀客達數萬人。聞本年度
農商景氣回復，一般經濟緩和。在地有志，各奮發踵事增華。目下
籌備中，時到料想意外盛況。故鐵道部及昭和蘭陽各自動車會社，
決定增發臨時列車，圖一般之利便云。」（寫眞參照）。

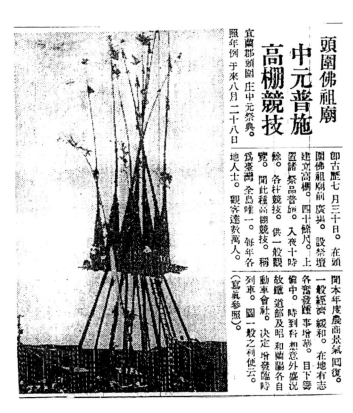

〔註4〕

〔註4〕　本照片刊於 1935 年（昭和 10 年）8 月 27 日《臺灣日日新報》的搶孤報導，
　　　　但是據林正芳考證由於刊登當日搶孤尚未舉行，該圖應攝於 1934 年（昭和 9
　　　　年）或更早以前。

　　1930 年代以降，頭圍搶孤於舉辦年份的 1930 年、1934 年、1935 年，我們依《台灣日日新報》的報導，應該可以嗅出頭圍的搶孤活動是年復一年地愈來愈炙手可熱，熱鬧可期，觀眾端的是人山人海，動輒數萬人。

　　本篇的報導，甚至用「聞此種高棚競技，稱為臺灣全島唯一。」的字樣並附帶相片登上媒體。這個結果應該是當初頭圍人士也想像不到的吧！

二、中日戰爭終結頭城搶孤

　　頭圍搶孤在 1930 年代以來極盡風光，搶盡風頭，每次的搶孤皆能保持其特有的魅力。

　　（一）1936 年（昭和 11 年）9 月 13 日的《臺灣日日新報》漢文版以「頭圍搶孤：運轉臨時車，募集觀光團」為標題，報導如下：

> 宜蘭郡頭圍庄，依例於九月十五日，即古曆七月三十日，在頭圍開成寺前廣場搶孤。目下各首事方籌備中。前夜放水燈，有陣頭及祭典裝飾。本年一般農村景氣甚佳，比例年培〔倍〕加熱鬧。是日自動車增駛不定時運轉，及鐵道部增發臨時列車。時間如左。聞鐵道部當局，鑑及頭圍搶孤，全島著名，故對基隆、四腳亭、瑞芳、猴洞、双溪驛，募集團體千餘名來觀云。

　　（二）但是好景不常，1937 年（昭和 12 年）因為日本在中國華北發動蘆溝橋事變引發中日戰爭，其後戰雲密佈，戰事不斷，日本開始加快侵華的腳步，終於致使興起並發展中的頭城搶孤，也因為戰爭的發生而導致走向中止的地步。

　　（三）1938 年（昭和 13 年）8 月 9 日，被取消漢文版的《臺灣日日新報》，其最後一篇是以「盆祭を統一」為標題報導頭圍搶孤，這則日治時代最後一篇見到的搶孤報導，卻是宣告頭城搶孤的停止辦理。筆者茲翻譯如下：

> 「有鑑於正值非常時期，例年的台北州宜蘭郡頭圍庄的盂蘭盆祭，浪費過大的費用，不僅抵觸了目前皇民化運動及生活改善之主旨，也違反國民節約消費、努力儲蓄的心態。當此秋天之際，庄上當局之前由振興會幹部協議的結果，斷然改善，決定中止全島周知的高棚競技。歷年來庄內連續三週的祭典，縮短為兩天，鄉村是八月十日，城鎮是八月十一日舉辦，此舉讓統合後的國民眾更為緊張。」

1930 年代以來《臺灣日日新報》對頭城搶孤所作的報導，雖然僅僅在

1930，1934，1935，1936 這幾年有紀錄，但是頭圍搶孤的活動，一次比一次的氣氛似乎越來越熱絡、活躍。然而這樣的一個活動，卻因爲中日戰爭的爆發而嘎然中斷並停止。不過停辦之後的頭圍搶孤重現再問世時，已是臺灣的政權再度轉移後的 1946 年了。

第四節　日本學者筆下的搶孤

一、鈴木清一郎的描述

鈴木清一郎在〈搶孤と搶旗の弊風〉一文的記載，筆者翻譯如下：

「…當天午夜十二點超度必須舉行完畢，以銅鑼爲信號競相撤回供品。特別是擺在孤棚最高處的那一部份供品，因爲上面都插著在色紙寫上『普渡陰公』或『慶讚中元』的旗子，所以當超渡完了，銅鑼鳴聲一響起，群眾競先掠奪這些供品和旗子。也有迷信認爲奪取這些東西的人會走運，此謂之『搶孤』。但是孤棚上的供品及旗幟，都擺在手夠不到的高處，無法輕易得手，因此暴力經常伴隨而來，爲了強奪，亂成一團，恰如上演著一場推擠、混戰的阿修羅（戰場），往往造成死傷。基於這種理由，雖然餓鬼的動作敏捷得讓人害怕，可是如果當他們尚未動碗筷之前，或者是正在吃飯當中，突然出現比餓鬼還要敏捷的暴徒來搶奪，餓鬼就會驚恐退避而不致於作祟危害人們。」〔註5〕

二、片岡巖的記載：

「超渡一完了，以銅鑼一響爲信號，成千上百的群眾勇往衝出，瞬間就將孤棚上排列的供品掠奪一空，這就是所謂的『搶孤』。這模樣有如戰場一般，喧嘩吶喊，動搖天地，搶孤之際，往往發生死傷。……」。

「當地人稱，鬼的動作頗快，且令人生畏，若以比鬼更快的動作搶奪給鬼吃的供品，鬼將退避而不致於爲害吾等人類。」〔註6〕

〔註5〕 鈴木清一郎，《臺灣舊慣冠婚葬祭と年中行事》（台北市：台灣日日新報 1934 年 12 月 05 日），頁 453。

〔註6〕 片岡巖，《台灣風俗誌》（台北市：台灣日日新報 1921 年 02 月 10 日），頁 63。

日本學者的記載，當時台灣的搶孤的確比一般廟宇精彩、刺激，甚至危險多了。因此有的人使用暴力，互相推撞打鬥，如同片岡巖所說「這模樣有如戰場一般，喧嘩吶喊，動搖天地，搶孤之際，往往發生死傷。」；鈴木清一郎則說這是：「恰如上演著一場推擠、混戰的阿修羅（戰場），」；這跟清領時期的馬偕對搶孤的看法：「野蠻行爲」、「我見過最嘈雜和可厭的場面」、「這地方已變成一個瘋人院」〔註7〕甚爲一致。

第五節　日治時期搶孤的社會意涵

一、淪爲殖民地的背景

台灣是日、清甲午戰後依所締結的馬關條約（日本稱之爲：《日清講和條約》或《下關條約》）正式割讓給日本的領土，同時也是日本第一個在南方的「殖民地」。1895 年日本據台初期，千頭萬緒，首先面臨的問題就是，如何應付「台灣民主國」後一連串的武力抵抗。王詩琅依時間的先後，大體把 1895 年甲午清日戰爭到 1915 年西來庵事件爲止的一段時期，劃分爲第一時期的武力抗爭時期。這段期間，日人於清朝正式交割臺灣後，便長驅入侵，不出所料，果然處處碰到強烈的抵抗，但是他們仍然一方面強力地推行其初期的殖民地統治，一方面憑其優勢的軍事力鎮壓臺人的反抗。這一時期臺人的抗爭形態，完全是採取武力的直接抗爭。〔註8〕

這個位於東北亞新進的日本帝國主義國家雖然是第一次正式獲得海外的殖民地，可是並不忘懷先進國家的故智，以「恩威並濟」的老方法，來統治這個「新領土」。〔註9〕積心處慮地思考如何來安撫這一個擁有五千年傳統的漢文化的居民。

〔註7〕 林耀南譯，《臺灣遙寄》，（Mackay G.原著，From Far Formosa: The island, its People and Mission.）台北市：台灣省文獻委員會 1959 年 3 月（原著出版於 1985 年），頁 106～107。

〔註8〕 王詩琅，《日本殖民地體制下的台灣》（台北市：眾文圖書公司 1980 年 12 月），頁 61。

〔註9〕 王禮謙，〈日據初期的懷柔政策〉（台北文物第十卷第一期 1961 年 3 月），頁 105。

二、懷柔政策下的民俗活動

第四任台灣總督兒玉源太郎〔註10〕曾經詢問當時的總督府民政長官後藤新平，統治臺灣的原則是什麼？後藤的回答是：「以往的樺山，桂及乃木總督的統治，都像詩人作詩一樣，依樣畫葫蘆，毫無方針可言。我的統治是根據『生物學的原則』。」兒玉繼續追問，後藤解釋說：「也就是尊重風俗習慣」。〔註11〕後藤新平所提出的三原則是：（一）生物學原理，（二）臺灣舊慣調查事業，（三）六三法。

一言以蔽之，後藤認為台灣統治初期失敗的最大原因，其根本的錯誤在於：「對慣習的忽視，乃至於蔑視」。他在上任前已經提出〈台灣統治急救案〉（1898年01月25日），認為台灣統治的當務之急是如何恢復當地原有的自治行政習慣。台灣一向是「化外之民」清朝對台灣的政策是既要封山海禁（1683～1885年），又放任台灣人自生自滅，台灣的自治（即鄉治）十分發達，後藤看準這一點是和近代制度完全不同的。要立刻導入近代化制度，當然會遭遇到台灣人的反抗，這是以往統治失敗的主因。要統治台灣，首先得科學調查台灣島的舊慣制度，以了解民情。不理解這些，反而貿然導入日本內地的法制，簡直是本末倒置。後藤以尊重風俗習慣來作為統治台灣的基礎，一上任就立刻展開大規模的調查工作。1900年他延攬京都帝大教授岡松參太郎來台，翌年成立「臨時台灣舊慣調查會」（後藤自任會長），開始調查台灣的風俗民情；1902年又加入京都帝國大教授織田萬，陣容更加堅強。從調查風俗民情，進而理解台灣文化的特色，這份龐大的調查報告成為台灣文化遺產最大的記錄與見證。同時，關於法律制度的研究，不只對台灣，對清朝研究都有助益，更拓展了「中國學」的視野。更重要的是，這些報告提供日本統治者了解台灣人的「心」的最佳禮物。〔註12〕

後藤新平的「尊重風俗習慣」在當時的客觀環境之下就成為日本殖民地政府治理台灣的最高指導原則。

因此，日本殖民地政府統治台灣以來，對於台灣故有的宗教習慣就一直採取放任、或至多僅止於監督的態度。1930年代以來，臺灣總督府隨著時代環境

〔註10〕兒玉源太郎，第四任台灣總督任期：1898年02月26日～1906年04月
〔註11〕楊碧川，《後藤新平傳──台灣現代化奠基者》（台北市：一橋出版社〔台北縣〕中和市：大河圖書物劉事業有限公司總代理 1996年9月），頁38。
〔註12〕楊碧川，《後藤新平傳──台灣現代化奠基者》，頁38～42。

的改變、局勢緊張而實施一連串社會教化運動。後又因為 1937 年的中日蘆溝橋事變加緊「皇民化」而推動一連串的所謂「敬神崇祖、國民精神涵養」為中心的「教化運動」等等，但是對台灣故有宗教習俗尚無採取壓制手段。﹝註13﹞

雖然 1936 年（昭和 11 年）9 月 19 日的《臺灣日日新報》漢文版在以「頭圍庄普度，搶孤熱鬧」為標題，回溯 9 月 15 日的有關於頭城搶孤活動的報導，我們尚可以看到頭圍的搶孤在此之前一路走來的蓬勃發展，每年一到搶孤時間，甚至都可以感受到炙熱的氣氛。但是，1937 年（昭和 12 年）因為中日戰爭爆發後的密佈戰雲，終於致使搶孤中止。

但是無論如何，日本殖民地政府，在 1937 年因中、日戰爭而積極推動的「皇民化」之前，搶孤活動在頭城是經常在舉行的，熱烈的盛況則為不爭之事實。

三、交通便捷頭城搶孤興起

宜蘭位在台灣東北端，三面山地環繞，東臨太平洋，與西部地區形成相對孤立性，長期為噶瑪蘭族與泰雅族等南島民族的生活領域，十八世紀後期才有大量漢人移住拓墾，1812 年才納入清帝國的政制體系。宜蘭的地理位置與周邊山地，使聯外交通不便，形塑宜蘭歷史發展的特殊風格，而改善對外交通也是不同階段統治政府的重要建設。﹝註14﹞

（一）鐵道

1. 鐵道的興建

台灣的鐵路建設比中國早，清末劉銘傳擔任巡撫時期，1889 年至 1891 年完成基隆至台北鐵路，1893 年已可通達新竹。日本領台後，鑑於鐵路是軍事、統治與殖產興業的交通要具，復經日本殖民政府的大力經營，對台灣無論交通、經濟、民生等的影響甚大，厥功甚偉。

日人以興建縱貫鐵路為首要交通建設，至 1908 年（明治 41 年）基隆至打狗全線通車，但在施工前作線路調查時已經有全島鐵路系統的想法。

至於宜蘭縣鐵道直到 1917 年開始建設。一開始並不是一線通車，而是分

﹝註13﹞ 蔡錦堂，〈日據末期台灣人宗教信仰之變遷——以「家庭正廳改善運動」為中心〉（史聯雜誌第 19 期 1991 年 12 月），頁 37，39。
﹝註14﹞ 戴寶村作，《宜蘭縣史系列 經濟類 3 宜蘭縣交通史》（宜蘭縣：宜蘭縣政府 2001 年 08 月），頁 178。

段通車。肇因石城到福隆間的草嶺隧道工程十分艱鉅。〔註15〕

宜蘭、羅東間的鐵道在1919年（大正8年）3月24日開通，宜蘭、礁溪段在同年11月15日開通。1920年（大正9年）4月16日頭圍、礁溪段通車營業。頭圍至大里簡段在1920年（大正9年）12月19日通車，大里簡經石城後開鑿草嶺隧道於1924年（大正13年）2月25日貫通。

而基隆、八堵至武丹坑（瑞芳線）在1912年（大正11年）09月早已通車，1923年（大正12年）10月武丹坑至頂雙溪亦通車。因此，草嶺隧道貫通後，福隆、貢寮、雙溪間即連成一線，至1924年（大正13年）12月1日，八堵至蘇澳間的鐵道全長97.6公里全線通車，並稱之為「宜蘭線」鐵道。〔註16〕

鐵路的開通帶來物產流通、行旅往來的方便，是日治時代宜蘭乃至全台的大事，分段通車隨即提供交通的方便，民眾更體驗交通便利的益處。1924年北宜線鐵路全線通車，使宜蘭平原對外的聯繫產生革命性的變化。台灣總督府鐵道部長新元鹿之助發表的祝辭是最佳的寫照：「本線鐵路全線開通，是東部鐵路連接的開端，長久以來所憧憬的蘭陽資源今後亦將受惠。鐵路一路蜿蜒，直接與文化中心（台北）接繫，也與遙遠南方的潮州線相互連接，今後的發展將可預期。宜蘭線鐵路不光是宜蘭最新的發展而己，東部台灣可再進一步的連線，與我們完成環島鐵路的大使命有重大的關係。這件事歷屆總督都非常注意，小官也奉命為此之實現而努力，本線的開通，蘭陽人士得以利用以開發豐富的資源，收拾遺利，同時環島鐵路之完成，也可促成本島作為向南洋發展之策源地的建立。」〔註17〕

1895年日本取得台灣為殖民地之後，特別著重港口、鐵道、道路、通訊等交通建設，以便於其殖民統治支配，並利於物資之流通。交通建設改變了原先宜蘭在台灣地理區域中的半孤立狀態，奠定建構台灣共同體的硬體基礎。〔註18〕

換句話說，從上述台灣總督府鐵道部長新元鹿之助發表的祝辭演講中，

〔註15〕 戴寶村作，《宜蘭縣史系列 經濟類3 宜蘭縣交通史》，頁55。草嶺隧道是宜蘭線鐵路最艱鉅的工程，總工程師吉次茂七郎積勞成疾，隧道開通沒多久之後病逝，福隆方向的出口附近立有「故吉次茂七郎紀念碑」，至今尚存。福隆方向隧道口上方題「制天險」，石城方向則題「國雲飛處」，目前亦保存完整。

〔註16〕 戴寶村作，《宜蘭縣史系列 經濟類3 宜蘭縣交通史》，頁53～55。

〔註17〕 戴寶村作，《宜蘭縣史系列 經濟類3 宜蘭縣交通史》，頁57。

〔註18〕 戴寶村作，《宜蘭縣史系列 經濟類3 宜蘭縣交通史》，頁179～180。

我們可以推敲出由於地域偏僻的宜蘭線鐵道的開通，卻是給當時的日本殖民地政府勾勒出全島環狀鐵路的憧憬，而藉由「環島鐵路之完成，也可促成本島作爲向南洋發展之策源地的建立。」，可見宜蘭線鐵道的完工也給於當時的日本政府有著更充實的南進政策。

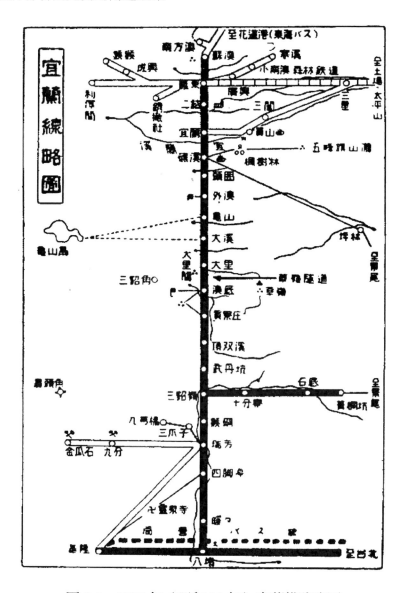

圖 3-1　1935 年（昭和 10 年）宜蘭鐵路略圖

資料來源：1935 年（昭和 10 年）版《台灣鐵到旅行案內》頁 122，
日本旅行協會台灣支部

2. 鐵道提供便捷服務

我們從日治時代的《台灣日日新報》對頭城搶孤報導中，每每都提及「鐵道部會加開臨時班車」以及「自動車乘客」或「自動車組合」等等的報導，正可以反映出當時的蘭陽地區境內與聯外交通的便捷。

（1）1923 年（大正 12 年）9 月 10 日的《臺灣日日新報》對「宜蘭郡的中元祭典，由九日起連續舉辦三天」的報導（筆者部份翻譯文）指出：

> 「當天有數萬名觀眾從三郡蜂擁而來」，「因此，**鐵道部加開臨時列車**以輸送觀眾。」

（2）1926 年（昭和 1 年）9 月 5 日的《臺灣日日新報》的「頭圍街盂蘭勝會」的報導中：

> 「宜蘭郡頭圍街之盂蘭盆會例年大舉，而本年尤張大規模，……以備俗所謂「搶孤」。……是日宜蘭間，**運轉臨時列車**，屆時當有一番盛況也。」

（3）1928 年（昭和 3 年）9 月 5 日的《臺灣日日新報》的漢文版以「宜蘭郡頭圍庄盆祭搶孤」爲標題中：

> 「屆時熱鬧可知也。聞庄當局爲圖觀客利便，**擬向鐵道部申請臨時列車**，現正交涉中云。」

（4）1929 年（昭和 4 年）9 月 5 日《台灣日日新報》的「頭圍搶孤，各地多往觀陋習」報導：

> 「……是日遠近各處多來觀覽，宜蘭鐵道部，爲計觀客利便，**特運轉臨時列車。又自動車乘客往來各回**，俱見滿員。陋習如斯，誠爲可嘆。」

（5）1930 年（昭和 5 年）9 月 21 日《臺灣日日新報》的日文版則有以「宜蘭頭圍庄佛祖廟祭典，二十一日夜間舉行」爲標題報導的部份筆者譯文：

> 「例年來此朝聖者達到三萬人，今年預期熱鬧非凡到**必須加開臨時班車**的程度。」

（6）1935 年（昭和 10 年）8 月 27 日的《台灣日日新報》的「頭圍佛祖廟：中元普施，高棚競技」預先報導：

> 「……，各奮發踵事增華。目下籌備中，時到料想意外盛況。**故鐵道部及昭和蘭陽各自動車會社，決定增發臨時列車**，圖一般之利便云。」

（7）1936 年（昭和 11 年）9 月 13 日的《臺灣日日新報》漢文版以「頭
圍搶孤：運轉臨時車，募集觀光團」爲標題，報導如下：

> 「本年一般農村景氣甚佳，比例年培〔倍〕加熱鬧。是日自動車增
> 駛不定時運轉，及鐵道部增發臨時列車。……鑑及頭圍搶孤，全島
> 著名，故對基隆、四腳亭、瑞芳、猴洞、雙溪驛，募集團體千餘名
> 來觀云。」

上述《台灣日日新報》從 1923 年首度就有「鐵道部會加開臨時班車來輸
送觀眾。」的報導。自從披露頭城搶孤以來，幾乎每次一有搶孤的報導都伴
隨著鐵道部要加開臨時班車以運輸旅客來觀看。蘭陽三郡的主要城鎮，宜蘭、
羅東、頭圍的聯外交通的「宜蘭線」，於 1924 年全線通車以後，根據《台灣
日日新報》的報導，每每皆能吸引台灣北部的觀眾前來，尤其 1936 年的報導
則更清楚地表明是「對基隆、四腳亭、瑞芳、猴洞、双溪驛，募集團體千餘
名來觀云。」。

（二）自動車

1. 公車運輸開始

日治時期臺灣最重要的路運交通，當然非鐵路莫屬。臺灣的交通建設正
如同日本國內的發展經驗，在鐵路發展日趨成熟的同時，現代公路亦隨之修
築，新興的重要交通運輸工具－汽車－逐得以展露頭角。〔註19〕

而日治時代宜蘭的汽車（自動車）客運業在 1927 年已開始設立，計有：

（1）昭和自動車商會：1927 年（昭和 2 年）陳阿呆承接莊金英所設的自
　　　動車事業，營運區域以頭圍、礁溪、宜蘭間的行駛往來。

（2）宜蘭殖產自動車株式會社：社長爲黃再壽，行駛宜蘭羅東之間。

（3）蘭陽自動車株式會社：胡慶森擔任社長，行駛羅東至宜蘭。

（4）共益自動車株式會社：1929 年（昭和 4 年）2 月設立，社長爲林木
　　　溪，營業路線由羅東至蘇澳，及羅東、利澤簡至新城兩條路線。

（5）三星自動車合動車合資會社：1931 年（昭和 6 年）設立，社長陳阿
　　　呆，經營羅東至天送埤路線。

另外尚有，蘇澳至花蓮有鐵道部經營的「鐵道部共營東海 Bus」。〔註20〕

〔註19〕蔡龍保，〈日治時期公路運輸之興起與交通體系之變遷（1910～1936）〉（近代
　　　中國第 156 期，2004 年 03 月），頁 88。

〔註20〕戴寶村作，《宜蘭縣史系列 經濟類 3 宜蘭縣交通史》，頁 89～91。

　　宜蘭縣位於台灣的東北角，本是一個地理位置相當閉鎖的環境。所謂的
蘭陽三郡，亦即現今縣內主要的宜蘭、蘇澳、羅東三個地方，面積加起來大
約只有 130 平方公里。在二十世界初期，即有當時交通科技的新產品－自動
車，在當時應該是非常先進的創舉。顯見，宜蘭在日治的中期已然能夠享有
鐵路的運輸以外，還有客運自動車的交通工具。

表 3-1　宜蘭地區歷年車輛統計（宜蘭、蘇澳、羅東三郡合計）

年度	客車	貨車	自轉車	Rear car
1931 年（昭和 6 年）	39	19	2，669	868
1932 年（昭和 7 年）	49	22	3.207	890
1933 年（昭和 8 年）	47	16	2，662	1.873
1934 年（昭和 9 年）	49	22	4，065	2，233
1935 年（昭和 10 年）	61	31	5，302	3，018
1936 年（昭和 11 年）	68	39	6，523	3，787
1937 年（昭和 12 年）	76	52	9，677	4，320
1938 年（昭和 13 年）	83	56	11，193	4.775
1939 年（昭和 14 年）	71	一	10，749	4，187
1940 年（昭和 15 年）	一	一	8，236	2，782
1941 年（昭和 16 年）	一	一	8，551	3.144

資料來源：戴寶村作，《宜蘭縣史系列經濟類 3 宜蘭縣交通史》，頁 93。

　　　　原始資料《台北州統計書》。

2. 橋樑基礎建設構成公路網

　　日本殖民地政府基於政治與經貿的需求，極為重視交通方面的建設，除
了鐵道之外，還大力建設各種產業的鐵道，鄉間還有輕便道。也廣泛地開闢
一般道路，架設橋樑。台灣島內原本近乎孤立的自然、人文空間的各個區域，
由於交通系統的建立，提供了全島共同體的建構基礎。〔註 21〕交通設施固然
使物產便於流通，但也使殖民地體制的統治更為深入全島各地，甚至偏遠地
區。

〔註21〕戴寶村作，《宜蘭縣史系列 經濟類 3 宜蘭縣交通史》，頁 52。

表 3-2　1920～1940 年宜蘭公路公里數表

	1920	1921	1922	1923	1924	1925	1926	1927	1928	1929	1930
宜蘭郡	31.4	56.3	56.3	56.3	56.3	56.3	63.7	100.3	10.3	110.9	110.9
羅東郡	58.9	84.6	84.6	84.6	84.6	84.6	105.4	105.4	105.4	97.8	97.8
蘇澳郡	11.8	75.5	75.5	75.5	75.5	75.5	75.5	75.5	75.5	75.5	75.5

	1931	1932	1933	1934	1935	1936	1937	1938	1939	1940	1941
宜蘭郡	110.9	130.3	130.3	130.3	130.3	353.4	355.5	355.5	359.7	330.0	330.0
羅東郡	99.0	99.0	99.0	99.0	99.0	78.9	151.3	151.3	166.8	166.8	174.7
蘇澳郡	75.5	75.5	75.5	75.5	75.5	27.5	43.2	43.2	43.9	43.9	45.2

資料來源：《台北州統計書》歷年交通部份。

戴寶村作，《宜蘭縣史系列　經濟類 3　宜蘭縣交通史》，頁 88。

表 3-3　1912～1919 年道路增加表

年度	1.8 公尺	3.6 公尺	5.4 公尺	7.2 公尺	7.2 公尺以上	合計（公里）
1912		51.1	11.8	15.7	38.2	121.7
1913		51.1	27.5	34.9	2.5	119.7
1914		51.1	35.4	26.7	3.2	121.7
1915		51.1	43.2	26.7	3.5	122.8
1916	2.5	82.5	39.6	33.4	4.2	164.5
1917	2.5	82.5	39.6	33.4	4.2	164.5
1918	2.5	82.5	78.5	33.4	4.5	202.0
1919	2.5	82.5	115.7	33.4	4.5	238.6

資料來源：《宜蘭廳統計要覽》，1919 年，頁 205。

戴寶村作，《宜蘭縣史系列　經濟類 3　宜蘭縣交通史》，頁 87。

表 3-4　1912～1919 年橋樑數量表

年度	9 公尺	9 公尺以上	36 公尺以上	90 公尺以上	合計	總長（公尺）
1912	169	46	4	3	222	1，971
1913	183	50	12	4	249	3，065
1914	171	50	11	4	236	3，009

1915	173	52	9	4	238	2，885
1916	284	78	9	5	376	4，000
1917	285	78	9	5	377	4，011
1918	316	89	9	7	420	4，522
1919	333	90	9	9	441	4，922

資料來源：《宜蘭廳統計要覽》，1919 年，頁 206。

戴寶村作，《宜蘭縣史系列　經濟類 3　宜蘭縣交通史》，頁 87。

　　因此，頭城雖位於地理形勢閉鎖的台灣東北部，但是搶孤之所以能夠興起，乃是受惠於日本殖民地政府的推動開發交通的政策，簡單地說，也是拜交通流暢之賜。首先是鐵道火車的通行，可以跟北部各地區連成一氣，後來再加上蘭陽境內客運自動車的行駛，大大提高交通上的便捷。所以說，日治時期大力建設的交通實是扮演著重要的角色，而鐵路及自動車的行駛，則端賴交通建設的基礎建設，如橋樑、道路等等的修築。

四、專賣局宜蘭支局助長搶孤氣氛

　　專賣制度在台灣並非創舉，台灣總督府早在 1897 年即實施鴉片專賣，1899年實施食鹽、樟腦專賣，1905 年實施煙草專賣。但是 1922 年創辦的酒專賣，不僅是採取從製造到販賣「完全專賣」〔註 22〕的型態，而且是全日本帝國中唯一實施「酒專賣」的地區，因此酒專賣的確可稱之為台灣的專賣。〔註 23〕

　　日治時期至 1922 年，台灣總督府的歲出隨著各項設施的進展而增加，歲入卻因為第一次世界大戰後短暫的經濟景氣逐漸消失而減少，財政狀況日形見絀。因此當專賣局再度提出酒專賣案，便獲得台灣總督及日本高層支持，並於 1922 年 7 月 1 日正式實施。

〔註 22〕所謂「完全專賣」是指從原料的培植、取得到產品的製造、銷售全由政府包辦而言。見陳佳文，〈台灣地區菸酒專賣政策及專賣政策之研究〉，（台灣銀行季刊 39 卷 3 期 1988 年 09 月），頁，314。

〔註 23〕范雅慧，〈日治時期台灣酒專賣事業中販賣權的指定與遞嬗〉（臺灣風物五十卷一期 2000 年 03 月）頁 43～44，引述平井廣一《日本植民地財政史研究》，（ミネルヴア書房，1997），頁 99。其他日本帝國勢力範圍，1930 年朝鮮總督府在朝鮮地區實施日本酒與燒酎專賣；不久後，本國內亦實施酒精及燒酎專賣；1934 年樺太廳的「樺太拓殖事業」著手進行酒專賣計畫，但未及實施；其他關東州、南洋群島地區則導入酒稅制度，並未有酒專賣的計畫。以上地區或有部分酒類實施專賣，或僅實施酒稅，均不見如台灣實施酒完全專賣者。

當時，就酒專賣收入的實質財政成績而言，可謂成功達成台灣總督府之原「財政專賣」目的。以「事業毛益」來算，單就官業收入中的專賣收入一項，平均已佔台灣總督府總歲入將近四成，財政地位僅次於租稅；酒專賣收入則佔總歲入的一成餘，佔專賣收入的三至四成，爲當時各項專賣事業收入之首。

1922 年創辦的酒專賣事業，則再增加了每年數千萬圓以上的專賣收入，使得專賣收入在整體財政上的重要地位更加鞏固。酒專賣收入在財政方面的好成績，對於第一次世界大戰結束後短暫的經濟景氣消失，1930 年代世界性的經濟恐慌，到中日戰爭爆發之前的這段「戰間期」（指第一次世界大戰結束至第二次世界大戰發生前的這段期間），也是台灣財政的重要轉變期，在當時有其實質性的貢獻。〔註24〕

在《南進国策と臺湾産業》一書中的記載，日治時期臺灣殖民政府其他官廳都赤字連連之際，唯獨經營酒、煙草、鹽、鴉片、樟腦的專賣之中的「酒和煙草」則不知不景氣的風吹向何處，業績繼續攀升，「前途一片大好，業績增加再增加」。〔註25〕因此，相較於其他如：煙草、鹽、鴉片、樟腦的專賣，一支獨秀的酒的專賣，成爲支撐日本殖民地政府歲收的一根大支柱。

原來於 1922（大正 11 年）04 月在臺北專賣支局之下所設置的宜蘭出張所，更於 1924 年（大正 13 年）12 月改名爲臺灣總督府專賣局宜蘭出張所。掌管的事業有酒類、煙草、食鹽的販賣，酒類的製造業（米酒、紅酒）、粗製樟腦油的製造以及葉煙草的耕作等。管轄範圍除了宜蘭三郡外更延伸到花蓮的一部份。1938 年（昭和 13 年）02 月 20 日把專賣局宜蘭出張所升格爲臺灣總督府專賣局的宜蘭支局。〔註26〕

頭城搶孤也在此機緣之下，獲得宜蘭專賣支局的介入參與和贊助而把氣氛炒熱起來。

《臺灣日日新報》於 1934 年（昭和 9 年）9 月 5 日報導「頭圍中元搶孤及諸行事」中有段：

〔註24〕范雅慧，〈日治時期台灣酒專賣事業中販賣權的指定與遞嬗〉，頁 64～65。
〔註25〕原文標題：「前途洋々たり年と俱に增收・亦增收」。作者不詳，〈新興氣分漲る躍進宜蘭郡の姿〉《南進国策と臺灣產業》（出版者不詳，出版地不詳，出版年不詳），頁 76。國圖系統識別號 0000434093。
〔註26〕作者不詳，〈新興氣分漲る躍進宜蘭郡の姿〉《南進国策と臺灣產業》（出版者不詳，出版地不詳，出版年不詳），頁 16。國圖系統識別號 0000434093。

「……又頭圍酒類煙草食鹽小賣人組合，〔註27〕主催專賣品宣傳於
　放河燈當夜參加行列。森永所長外職員，均執小旗或燈舉巡回庄內。
　又三十日，在開成寺廟，孤棚前，置專賣品分作四五層，對於孤棚
　競技，贈呈副賞。等級分一二三等賞云。」

同年 9 月 11 日「宜蘭近信」欄「於「頭圍搶孤」的事後報導：

「……頭圍庄下酒類煙草食鹽小賣人組合，主催專賣品宣傳。是夜
　森永所長，外職員及專賣關係者各小賣人等百二十餘名，各執小旗
　或燈，齊集寺前，由樂隊前導，巡遶街衢，燈數六百餘盞。……」。

這一年頭圍搶孤的上述兩則《台灣日日新報》新聞中，首度出現在當時
的新聞媒體上的是臺灣總督府專賣局宜蘭出張所旗下的「酒類煙草食鹽小賣
人組合」，他們都參與了當年的頭圍中元祭典活動和主持專賣品的宣傳並將之
當作獎品贈送搶孤奪標選手。

就連戰後在台灣，由國民政府所施行的「菸酒公賣」制度大多沿襲自日治
時期。時至今日，台灣民眾卻多半還不清楚酒專賣政策之由來、其事業內容為
何以及對台灣後來的影響，甚至對此習以為常，誤認本來就是有專賣制度的。

五、頭城搶孤的魅力

日本殖民政府據台以後，為掌握台灣的基本社會態勢，勢必要掌握台灣
的人口，其於 1905 年（明治 38 年）在台灣展開第一次的臨時戶口普查，台
灣也自此開始有現代性的人口統計資料；相較於清政府來說，日本殖民政府
強大的滲透能力，使得我們得以精確的掌握宜蘭日據時期的人口。〔註28〕

表 3-5　1905～1919 年宜蘭廳人口總數

年代	人口數
1905	113345
1906	115497
1907	118178
1908	120252

〔註27〕小賣人組合亦即零售商協會。當時的日本殖民地政府是唯一的大盤商，底下
　　　的中盤商稱之為「賣捌人」，零售商稱之為「小賣人」。

〔註28〕龔宜君作，《宜蘭縣史系列 社會類 3 宜蘭縣人口與社會變遷》（宜蘭縣：宜蘭
　　　縣政府 2001 年 03 月），頁 62。

1909	131032
1910	133286
1911	136305
1912	138188
1913	141063
1914	143797
1915	144337
1916	146683
1917	149531
1918	151416
1919	153217

表3-6　1920～1943年宜蘭地區人口總數

年代	宜蘭郡人口數	羅東郡人口數	蘇澳郡人口數	宜蘭市人口數	人口總數
1920	83638	52836	10868	---	147342
1921	84407	53267	10697	---	148371
1922	85129	53650	10841	---	149620
1923	85964	54560	11354	---	151878
1924	86302	55589	11779	---	153838
1925	87797	57105	12355	---	157257
1926	88633	58184	12734	---	159551
1927	89648	59598	13390	---	162627
1928	90626	61115	14249	---	165990
1929	91648	62267	14639	---	168590
1930	93047	163753	15359	---	172159
1931	94663	64926	15359	---	175394
1932	95749	67817	19046	---	182612
1933	97601	69448	19380	---	186429
1934	99503	71315	20010	---	190828
1935	100334	72956	20443	---	193733
1936	100918	75142	20692	---	196752
1937	102896	78522	21318	---	202736
1938	104435	81365	21347	---	207147
1939	105946	183903	22316	---	212165

1940	68712	86985	23409	38157	217262
1941	70442	87836	25264	38922	222491
1942	72892	90239	25804	38909	227844
1943	75743	93457	26141	40067	235408

資料來源：台灣省五十一年來統計提要民國前十七年至民國三十四年，台灣省政府主
　　　　　計處重印，1994：82～83。
　　　　　1920 年以後宜蘭地區隸屬於台北州，成為宜蘭、羅東、蘇澳三郡時期。
　　　　　1940 年以後宜蘭市自宜蘭郡中獨立出來。

　　在歷年《台灣日日新報》報導前來參觀搶孤的人數，每辦一次好像就有
所增加。如：

　　1930 年（昭和 5 年）9 月 21 日的《台灣日日新報》日文版以「宜蘭頭圍
庄佛祖廟祭典，二十一日夜間舉行」為標題的報導中，筆者譯文有關於參觀
人數則指稱：

> 「例年來參拜的信徒達到三萬人，**必須加開臨時班車**。今年也是預
> 計熱鬧可期。」

　　1935 年（昭和 10 年）8 月 27 日的「頭圍佛祖廟：中元普施，高棚競技」
的報導稱：

> 「……聞此種高棚競技，稱為臺灣全島唯一。每年各地人士，**觀客**
> **達數萬人**。聞本年度農商景氣回復，一般經濟緩和。在地有志，各
> 奮發踵事增華。……」

　　1936 年（昭和 11 年）9 月 19 日的追溯報導「頭圍庄普度，搶孤熱鬧」
寫著有：

> 「…是日觀客，**達四萬餘名**。…又本年祭典行事，…呈未曾有之盛
> 況。」

　　從上述幾個年份的新聞報導之中，對於到頭城參觀搶孤的人數，有「三
萬人」、「數萬人」、到「四萬人」不等的報導，雖然，我們無法了解當時的精
確的人數，但是報導中有提到「加開臨時班車」、「農商景氣回復」、以及「農
村景氣甚佳，呈未曾有之盛況」，若與上述表列的宜蘭本地人口作一比較，幾
乎相當於當時百分之二十的居民都出現在搶孤現場，這個比例似乎有點言過
其實，但是頭城搶孤在宜蘭縣內所造成的轟動，則為不爭之事實。因此加上
由於景氣的回復，又有「宜蘭線」鐵路交通的連貫，以及自動車的通行，從
宜蘭境外，四面八方擁入頭城來看搶孤的民眾，其熱鬧的程度，自無庸置疑。

第六節　頭城搶孤內涵的改變

一、擺脫了社會邊緣人的蹤影

　　日治時期曾經參觀過搶孤的學者仍有嚴厲批評，如：

　　鈴木清一郎在他所著的《臺灣舊慣習俗信仰》，對於 1933 年在板橋普陀山接雲寺的搶孤習俗記載中，曾指摘稱：

> 「……此謂之『搶孤』。但是孤棚上的供品及旗幟，都擺在手夠不到的高處，無法輕易得手，因此暴力經常伴隨而來，爲了強奪，亂成一團，恰如上演著一場推擠、混戰的阿修羅（戰場），往往造成死傷。……」

　　片岡巖於他所寫的《台灣風俗誌》中對搶孤的描寫則爲：

> 「超渡完了，以銅鑼一響爲記，成千上百的群眾勇往衝出，瞬間就將孤棚上排列的供品掠奪一空，這就是所謂的『搶孤』。這模樣有如戰場一般，喧嘩吶喊，動搖天地，搶孤之際，往往發生死傷。……」。

　　兩位學者均以「暴力經常伴隨而來，爲了強奪，亂成一團，恰如上演著一場推擠、混戰的阿修羅（戰場）」，「這模樣有如戰場一般，喧嘩吶喊，動搖天地，搶孤之際，往往發生死傷。」等等，以接近戰爭的暴力行爲來記錄搶孤的場面。

　　當時的主流媒體，最爲典型的《台灣日日新報》的報導中，如下仍有點綴性的批評：

　　1923 年（大正 12 年）09 月 16 日的《台灣日日新報》日文版，以「蘭陽三郡具代表性的珍貴祭典：頭圍的佛祖廟祭典」爲題的報導：

> 「另外還架設著有量起來高約一丈多、寬約五坪的「檯」，檯上有籠子，籠內堆放許多米飯，這個稱爲「飯檯」。其他還有在大而長的平台上的籠子，也有堆積著如山的飯，這也稱爲「飯檯」，這飯檯上的飯只是準備施捨給乞丐的。」

　　1929 年（昭和 4 年）9 月 5 日，雖然也曾以「頭圍搶孤，各地多往觀陋習」爲題報導當年的搶孤。

> 「宜蘭郡頭圍庄，依年例，於去舊曆七月二十九日夜在佛祖廟前廣場普施。廟庭高設孤棚，……歡迎一般獻技，分組競登各爭先欲奪中元旗；……特運轉臨時列車。又自動車乘客往來各回，俱見滿員。

陋習如斯，誠為可嘆。」

　　這兩次的報導中，1923 年這一則特別提到了佛祖廟前安置了「飯棧」，高約一丈多，其上的平台則寬約五坪，安置許多飯簍。這些飯是準備施捨給「乞丐」的。

　　搶孤活動中，在高聳佇立，豎滿十三棧的大的孤棚旁邊，仍然豎立著只有一支較低、較小孤棧的孤棚，名曰：「飯棚」。當今是作為搶孤主要比賽之前的熱身賽之用，在昔時就是準備施捨給乞丐的。在 1923 年首次報導頭城搶孤之際，仍然不忘還有社會邊緣人的存在。而 1929 年則還有以「陋習如斯，誠為可嘆。」作為結尾的負面新聞處理手法來報導頭城搶孤。

　　除此之外，尤其是 1930 年代以來的《台灣日日新報》的報導，大都是正面的報導的為多。雖然鮮少，甚至是幾乎不再有負面的報導，但是這並不表示社會邊緣人已經從社會上絕跡了。

二、加入吳沙的祭典

　　1923 年（大正 12 年）9 月 15 日的《臺灣日日新報》日文版，也就是首度報導頭圍搶孤的新聞時，更以「蘭陽三郡具代表性的珍貴祭典：頭圍的佛祖廟祭典」為題，大幅報導祭典的緣起：

> 「首先從祭典的起源寫起，乾隆五十二年據聞有位福建人，姓吳名沙成，計劃開墾蛤仔難蕃地。蛤仔難蕃地就是現在的宜蘭一帶。吳沙成的這個企圖不久於嘉慶元年（距今約一百三十多年前）得以實現，那就是吳沙跟同族志同道合的十名伙伴們說，在現在的頭圍庄登陸著手開墾，並依一結、二結的順序推進開拓。現在大家所知的四結、五結等地名，就是用來紀念吳沙等一伙人的地名。」
>
> 當今，吳沙以蘭陽三郡開墾之始祖之身份而受到崇拜。雖然他的血統已經斷絕，現在吳沙成及其他十名的靈位仍然被供奉在頭圍的佛祖廟。正因為如此，這間廟又被稱作「開成寺」。**每年所舉行的佛祖廟大祭，主要就是針對吳沙等一行人，讓他們不致成為餓鬼。**

　　歷來清領時期的搶孤，除了祭祀祖先之外，因為渡台墾荒以及疾病、戰亂等的因素，旨在祭拜孤魂野鬼。

　　《台灣日日新報》在 1923 年一開始報導頭圍搶孤的同時，就以為了紀念「吳沙」的開墾蘭陽地方，但是第二段的報導則是提到「吳沙成」。現今頭城

的開成寺以「吳沙成祿位」供奉著這一位及其他十位開蘭先賢，不過在開成寺的「昭績碑」寫的卻是「吳沙」，但是「昭績碑由來」寫的還是「吳沙成」。〔註29〕因此，第二段報導，將吳沙稱爲「吳沙成」，可能是來自開成寺的「開蘭祿位」，但是之後同則新聞仍以吳沙之名報導。而日後增田福太郎 1936 年刊載於《南瀛佛教》14 卷 10 期的〈頭圍庄に於ける搶孤の習俗に就て：中元祭の特殊例〉一文、及鈴木清一郎 1937 年刊載於《臺灣時報》214 期的〈本島の盆祭と普度：竝全島一の頭圍の搶孤に就て〉的文章仍以吳沙稱之。

《臺灣日日新報》於大正末年，日後改元的 1926 年（昭和 1 年）9 月 5 日「頭圍街盂蘭勝會」，也是以「兼欲祭開拓蘭陽地方鼻祖之吳沙氏」爲題，全文如下：

> 「宜蘭郡頭圍街之盂蘭盆會例年大舉，而本年尤張大規模…，以備俗所謂「搶孤」。…此舉不獨爲盂蘭盆會，兼欲祭開拓蘭陽地方鼻祖之吳沙氏。…屆時當有一番盛況也。」

因此，上述 1926 年《台灣日日新報》的開始報導頭城搶孤之際，就以記念吳沙爲主題而報導的，紀念吳沙等開蘭先賢，對於位在閉鎖地形的宜蘭地區的居民而言，正是日後強化宜蘭意識的主要因素。

三、走向同業化與社區化

清朝的文獻當中，搶孤有關的普度，不外乎是「私普」與「公普」兩種。「私普」就是在各自家中的祭拜，如：

1719 年（康熙 58 年）陳文達修的《台灣縣志》輿地志記載：

> 「七月十五日，浮屠謂地官赦罪之日，……俗稱「普度」是也：每費至數十餘金。人家祭其祖先與清明節無異……。」

1751 年（乾隆 16 年）王必昌修纂的《重修臺灣縣志》卷十二〈風土志·風俗〉中則載：

> 「……謂之「普度」。……始於各家門首設供，風俗爲之一靖。」

1871 年（同治 10 年）梓行的《淡水廳志》卷十一〈考一·風俗考·風俗〉中也描述家普的風俗：

> 「（七月）凡一月之間，家家普渡，即盂蘭會也，……」。

〔註29〕莊賜財敬撰，《頭城鎮開成寺簡介 開蘭第一古寺》（宜蘭縣頭鎮城：頭城鎮開成寺地六屆管理委員會 2005 年 08 月 10 日），頁 8～9。

1871 年（光緒 8 年）付梓的《金門志》卷十五〈風俗記·歲時〉中，出現以下幾近雷同的文字：

> 「……俗名普度，以祭無主鬼。里社公祭，**各家另有私祭**。」；

舊七月的中元間家家戶戶的普度，或是「尊先敬祖」，或是「祭無主鬼」，「私普」則爲一般百姓家中所舉辦的。

至於「公普」的記載：

1751 年（乾隆 16 年）王必昌修纂的《重修臺灣縣志》卷十二〈風土志·風俗〉中則載：

> 「…十五日作盂蘭會。數日前，**好事者醵金爲首**，延僧眾作道場，……。」

1762 年（乾隆 27 年）王瑛曾修《重修鳳山縣志》〈風土篇〉記載：

> 「十五日爲盂蘭會，數日前，**好事者醵金爲首**，延僧登壇説法，

1871 年（同治 10 年）付梓的《淡水廳志》卷十一〈考一·風俗考·風俗〉中也再次描述了搶孤的風俗：

> 「……（七月）凡一月之間，家家普渡，即盂蘭會也……延僧登壇施食，祭無祀之魂。**寺廟亦各建醮**兩三日不等。……。」

「公普」在清朝文獻中大多是「**好事者醵金爲首，延僧登壇説法**」，「**寺廟亦各建醮**」。因此，「**好事者**」及「**寺廟**」所舉辦的普度是清領時期的規模。

到了日治時期，依學者鈴木清一郎的註解稱：「『公普』稱之爲中元祭或盂蘭盆會，以各地村落的廟宇爲中心共同舉辦。」，又「舉辦『公普』之時候，能主其事者皆爲地方的資產家，主要的是可以提供經費。」〔註30〕鈴木清一郎一語說明了「私普」與「公普」之分，同時也一語道破了日治時期的「公普」將走向「同業化」與「區域化」。我們仍然可以從下面的各個時段的《台灣日日新報》看出走向的端倪。

（一）中元普度走向同業的普度

1921 年（大正 10 年）8 月 8 日「蘭陽特訊」欄「蘭盆勝會」報導：

> 「舊例於七月中，分爲七處，普施一眾孤魂，……前清時則此次屬在衙門中人斯〔司，以下同〕其事，俗曰開鬼門。而此習慣，由來久矣。今則改用宜蘭市場內中人斯其事：賣肉類者、賣魚類者、賣

〔註30〕鈴木清一郎，《臺灣舊慣冠婚葬祭と年中行事》（台北市：台灣日日新報 1934年 12 月 04 日），頁 448～449。

野菜類者等，以外尚有賣豆干、賣菓子、賣飲食，以及賣什貨，計
有十餘種。……」

1922 年（大正 11 年）9 月 17 日的「羅東特訊」欄「普施先聲」報導詳
稱：

「羅東街舊七月中之中元普施，……現大壇中之新協太、新永成、
新源發、新振源、新洽春，竝市場眾品戶，無不極力準備諸種餘興，
竝裝飾陣頭諸故事。」

日治初期的宜蘭及羅東的中元普度已經是「市場內中人斯（司）其事」。
而「新協太、新永成、新源發、新振源、新洽春，竝市場眾品戶」這些市場
同業大戶已經以連合形式來作中元普渡的祭拜儀式了。

（二）搶孤走向社區的動員

1923 年（大正 12 年）9 月 15 日的《臺灣日日新報》日文版，以「蘭陽
三郡具代表性的珍貴祭典：頭圍的佛祖廟祭典」爲題的報導中，筆者之譯文
如下：

「頭圍中元的組織，先強調「這項祭典是頭圍庄最重要的事情」慣
例由「爐主」統籌管理祭典的所有事務，當年是由名叫「林傳」的
人擔任爐主。另外由各保輪流分配擔任「四大柱」的工作，所謂「四
大柱」係指主會、主壇、主醮、主普。擔當這四大柱的各保，爲了
爭奪第一，而在各自的轄內用山珍海味來陳設供桌，並演出戲劇，
讓祭典展現出一派熱鬧的光景。」

1934 年（昭和 9 年）9 月 5 日「頭圍中元搶孤及諸行事」報導，有關於
孤棧的報導如下：

「宜蘭郡下頭圍庄，例年于古曆七月三十日，普施孤魂。……在
於開成寺廟前，築一高約四丈餘、闊三丈之孤棚，其上陳列祭品。
即雞槽〔棧？以下同〕、鴨槽、豬肉槽、粽槽、米粉槽。共有拾參
槽。……」

根據上述的報導，頭城的中元搶孤首先出現「由『爐主』統籌管理祭典
的所有事務」，而「由各保〔註31〕輪流分配擔任「四大柱」的工作」，可見在

〔註31〕1898 年（明治 31 年）在台灣的日本殖民地政府制定「保甲條例」，強化舊有
的保甲制度，十戶爲甲，十甲爲保，置甲長、保正，均爲無給職。見林正芳
總編纂，《續修頭城鎮志（上）》（宜蘭縣：頭城鎮公所 2002 年 10 月），頁 131。

頭城所舉辦的中元祭典及搶孤活動的，已經開始邁向「社區」化，亦即以當時的保甲編制來分派任務。「而在各自的轄內用山珍海味來陳設供桌，並演出戲劇，讓祭典展現出一派熱鬧的光景。」，各社區也各自竭盡所能展現其最豐富的一面。1934 年（昭和 9 年）9 月 05 日的報導中，搶孤所豎立在孤棚上的十三個孤棧，就是代表「舊十三庄」各具特色的孤棧，各庄提供各庄所能生產出的特有的供品。

　　頭城搶孤的舉辦及分工，能夠由清朝時期的各自為政的「私普」與廟宇的「公普」，再走向比較有組織性的作法。究其原因，乃如鈴木清一郎所說的「公普」的主其事者，皆為地方的資產家，通常也就是地方的士紳富豪。有了這一班人的熱心及登高一呼，再以區域籌措中元普度的資金。這個轉變已經跟清領時期呈現了一個很大的不同。

四、蛻化成體育競技

　　日治時期經由《台灣日日新報》新聞媒體所批露的報導，似乎有意把搶孤定位在體育競技的範疇中。歷年的報導中，幾乎是用比較詳細的筆法去描寫搶孤攀爬的細節。例如：

　　1923 年（大正 12 年）9 月 10 日的日文版以「宜蘭郡の中元祭，九日から三日間」（宜蘭郡的中元祭典，從九日開始為期三天）為題目的報導，筆者翻譯如下：

> 「祭典的第二天，在數十丈高的「檜」上，懸吊著供品並豎起旗子，由各庄選拔出來的健壯年輕選手們，競相攀登上高「檜」奪取供品，宛如演出大爭奪殊死戰。雖是自古流傳的大祭，卻是非常受到歡迎。」

　　1926 年（昭和 1 年）9 月 6 日的日文版「頭圍街的吳沙祭典，六日盛大舉行」為標題的筆者譯文中：

> 「……在支撐祭壇的 12 根寬約 6 尺的圓柱上塗滿豬油，所以很滑很難攀爬，邊爬邊滑，滑下再往上爬，一點一點地爬到頂端，要想爬到祭壇還有很大的考驗，在通過這些難關之前，圍觀的群眾也都握住雙手猛流汗，當競賽者爬到祭壇時，群眾不由自主地拍手鼓舞，圍觀群眾都認為這些競賽者是必須具備相當的熟練及勇氣的。……」

1929 年（昭和 4 年）9 月 5 日「頭圍搶孤，各地多往觀陋習」的報導中：

> 「宜蘭郡頭圍庄，依年例，於去舊曆七月二十九日夜在佛祖廟前廣
> 場普施。廟庭高設孤棚，……。周圍特設「凹頭棚」，電光燦耀，**歡
> 迎一般獻技，分組競登各爭先欲奪中元旗**；有自油柱上滑下者，有
> 於凹頭棚傍，欲上不得，欲墜不能者。」

1930 年（昭和 5 年）9 月 21 日《臺灣日日新報》的日文版則有以「宜蘭
頭圍庄佛祖廟祭典，二十一日夜間舉行」爲標題的報導，筆者的譯文：

> 「……搶奪放置在三丈高的櫓上供品的**競技比賽**，是當晚最受歡迎
> 的活動。例年來參拜的信徒達到三萬人，必須加開臨時班車。今年
> 也是預計熱鬧可期。」

《臺灣日日新報》1934 年（昭和 9 年）9 月 11 日「宜蘭近信」欄「頭圍
搶孤」的事後報導中：

> 「……十時揚煙火爲號，各**健兒**，鼓勇躍上，棚下人山人海。頭圍
> 分室，特派多數警官，整理交通。而壯**丁團員**，亦出爲援助。至十
> 一時搶孤告終……。」

1935 年（昭和 10 年）8 月 27 日的〈台灣日日新報〉則以「頭圍佛祖廟：
中元普施，高棚競技」作預先的報導：

> 「……頭圍佛祖廟前廣場，設祭壇。建立高棚，四十餘尺，上置諸
> 祭品普施。入夜十時餘，各柱競技，供一般觀覽。聞此種**高棚競技**，
> 稱爲臺灣全島唯一。每年各地人士，觀客達數萬人。…」

日治頭城搶孤從開始的 1923 年至 1935 年，吾人可以發現，頭城搶孤
的內涵經由《台灣日日新報》的新聞處理手法，或許已經在人們的心中大
大的改變了負面的形象，歸納上述報導，搶孤活動已蛻化成下列體育競技
活動了：

（一）搶孤活動的參與者已經變成了經由「各庄選拔出來的優秀年輕壯
　　　漢們」。而參與比賽的選手個個都成爲，「競賽者」、「健兒」、「壯
　　　丁團員」的化身。有別於清領時期台灣各地所詬病的社會邊緣人
　　　以及學者們所抨擊的如戰爭、暴力的行爲。

（二）搶孤的活動則搖身一變，變成了「競技比賽」、「高棚競技」。

（三）搶孤活動已經實質地轉化成爲「分組競登」的一種體育的「獻技」
　　　了。

五、增加難度以刺激觀眾

（一）孤棚、孤棧的高度一再提高

在清領時期的文獻記載中，早期對於孤棚跟孤棧的高度只是以文字形容，尚未有具體的數字。如：1751 年（乾隆 16 年）王必昌修纂的《重修臺灣縣志》卷十二〈風土志・風俗〉中僅載：「（七月）十五日作盂蘭會。…又搭高樓…，」。胡建偉於 1766 年（乾隆 31 年），其在任內所纂修的《澎湖紀略》卷之七〈風俗記・歲時〉有如下記載：「七月十五日為中元節……堆在盤中，壘起高三、四尺；誇奇競富。又有豬羊牲醴各色。**先將方桌搭起高臺約有丈餘，……**」。1839 年（道光 19 年）的《廈門志》卷十五〈風俗記・歲時〉，以及 1882 年（光緒 8 年）的《金門志》卷十五〈風俗記・歲時〉中，出現了以下幾近雷同的文字：「七月朔起，…作盂蘭盆會，俗名普度，祀無主之魂。…又設高臺，陳供品。…」。

《福爾摩沙紀事：馬偕臺灣回憶錄》的漢譯本中…則有比較有清晰的描述孤棧的大小：「…七月節的祭拜。七月要祭拜所有的亡魂，是很重要的祭拜月份。臺灣每個城鎮都會找一個空曠的地方，用竹竿搭建錐體型的架子，**底部直徑約五到十呎，高度有時可到五十或六十呎。**在這架子的四周，從上到下掛滿著成串要供給神吃的食物，…」。很顯然地，這是掛滿犧牲品的孤棧，但是仍未提到正確的孤棚的高度。

在日治時期的《台灣日日新報》的報導，經邱彥貴及林正芳的綜合整理如下，使吾人對孤棚及孤棧的高度或有比較確切的概念。

> 孤棚上孤棧的高度與數量更是耐人尋味。1923 年的首度報導稱「二十尺餘」，但 1926 年則稱「四十尺」，我們推測，這接近一倍的差距應該是，前者所稱僅是孤棧本體，亦即今日俗稱「蜂巢」的部分，而後者則合併棧尾計算。1928 年「高七丈有奇」的說法，則應該是合併各 30 餘尺的孤棚與孤棧計算。1936 年增田所見的「竹櫺」也是「七間」，約合 42 尺。1937 年鈴木所見的戰前最後孤棧印象，是「離地面約四丈處搶孤，十丈處搶旗」，且「爬到約五丈的棧頂上的竹子去搶旗子」，據此推估，當年的含棧尾的孤棧應達 50 尺以上。戰前孤棧高度的演變，應可與今日大家所見者對話。〔註32〕

〔註32〕邱彥貴，林正芳著〈歷史篇〉收錄於《頭城搶孤民俗保存與文化創意產業結合之研究》（宜蘭縣：蘭陽技術學院 2008 年 09 月 30 日），頁 36～37。

　　日治時期尚無今日的大型起重機械，所有的孤棧都是依靠舊式稱之為 ka-la-á 的「轆車」吊到孤棚上面，而且必要在規定的時辰內到達。因此，有理由相信，上述推算日治時期的孤棚、孤棧的高度應屬合理。

（二）倒塌棚的出現

　　大正12年（1923）9月15、16兩日的《臺灣日日新報》的報導：

> 「在佛祖廟前廣場的中央……而在離地面三丈二尺的圓柱子頂端處，用木板鋪設了量起來面積有二間半×三間〔約合15尺×18尺〕的高臺。然而這三丈二尺的圓柱並沒有腳踏立足之處，因為高臺的鋪板由大圓柱四方向外突出，量起來約有五尺。把它當作「番人」在糧倉上裝設要阻止老鼠侵入的大型裝置就準沒錯。」

　　此篇報導原文是以：「恰度番人の籾倉に設備された鼠返しの大きな裝置」，來形容倒塌棚。這也是當時的記者所認知的防鼠器，也是倒塌棚的來源。

圖3-2　阻止老鼠侵入的「鼠返し」。

左圖，中圖的鼠返し簡圖感謝莊錦添先生繪製。

右圖資料來源：Wikipedia：〈高床式倉庫〉http://ja.wikipedia.org／wiki／%E9%AB%98%
　　　　　E5%BA%8A%E5%BC%8F%E5%80%89%E5%BA%AB

　　因為頭城搶孤的倒塌棚，比照「鼠返し」的設計，所以其攀爬的方法必須如1923年（大正12年）9月16日的《臺灣日日新報》的報導所言：

> 「…數十名血氣方剛的壯漢，堆疊各自的麻袋、口含住掛在腰上的

小刀，拼命地攀爬上柱子。每年的儀式所練就的手腕，**如壁虎般地仰著面，各自沿著木板的底部攀緣**，這事實上是非常的危險，看著都令人捏一把冷汗！…」

事實上，當與賽的選手們攀爬到孤柱頂端後，必需要「**如壁虎般地仰著面，各自沿著木板的底部攀緣**」移到棚的邊緣後，尚需用腳勾住孤棚外緣，再以「倒掛金鉤」翻身而上倒塌棚的高級動作，這種絕技大大地提高了比賽的難度。到了 1929 年（昭和 4 年）9 月 5 日《台灣日日新報》在「頭圍搶孤，各地多往觀陋習」的報導中，則使用「凹頭棚」的字眼，這也就是日後所稱之爲「倒塌棚」。其「目的是爲了增加搶孤者上棚的困難而設。」〔註33〕

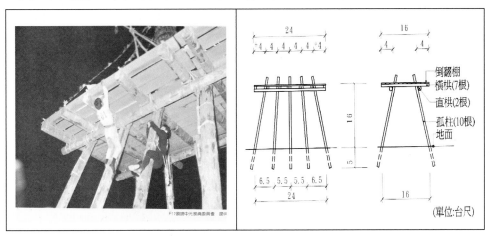

圖 3-3

資料來源：左圖：李潼工作室，《頭城搶孤專輯》（宜蘭縣：頭城中元祭典委員會 1992 年 7 月 15 日）頁 103。

右圖：蘇美如、張文義、樊德惠編著，《話說搶孤》（宜蘭縣：宜蘭縣頭城鎮中元祭典協會 2010 年 04 月）頁 35。

（三）孤柱上塗油脂

關於孤柱塗油一事，1926 年首見塗油報導，塗的是豬油，且 12 支孤柱上都塗。但是 1929 年報導稱「四方杉柱，塗以牛油」，1930 年報導也稱是 4 支塗油，但未細辨何種油類。1936、1937 年兩位日本學者所見都是 10 根俱塗豬油。

〔註33〕林正芳編纂，《續修頭城鎮志（下）》（宜蘭縣頭城鎮：頭城鎮公所 2002 年），頁 518。

　　姑不論塗的是豬油或是牛油，在清領時期的文獻均無類似的記載。至於為何要塗抹動物性油脂，仍有不同的論點。但是，無論如何，推遲攀爬的時間、而且縱然領先爬高，但是一不小心下滑，可謂前功盡棄，尚需重頭開始。正因為如此，也大大的提高了比賽的可看性。

六、商業行銷與贊助介入搶孤

　　頭城搶孤進入 1930 年代後，《台灣日日新報》在 1934 年（昭和 9 年）的報導，出現了跟之前的清領時期及上述日治時期不同的、另類的報導。

　　《臺灣日日新報》1934 年（昭和 9 年）9 月 5 日以「頭圍中元搶孤及諸行事」為標題，報導了有關於酒類煙草食鹽專賣組合贊助的部份報導如下：

> 「……又頭圍庄下酒類煙草食鹽小賣人組合，主催專賣品宣傳於放河燈當夜參加行列。森永所長外職員，均執小旗或燈舉巡迴庄內。又三十日，在開成寺廟，孤棚前，置專賣品分作四五層，對於孤棚競技，贈呈副賞。等級分一二三等賞云。」

　　同年 9 月 11 日「宜蘭近信」欄「頭圍搶孤」的報導：

> 「又參加行列，頭圍庄下酒類煙草食鹽小賣人組合，主催專賣品宣傳。是夜森永所長，外職員及專賣關係者各小賣人等百二十餘名，各執小旗或燈，齊集寺前，由樂隊前導，巡遶街衢，燈數六百餘盞。……又三十日在寺前高搭孤棚，上列祭品，共十三槽〔棧〕。……外各槽上，高懸金牌數面。……至十一時搶孤告終後，由小賣人組合，對於搶孤入選者，分贈專賣品。一等陳清泉、二等林阿枝、三等陳天賜云。」

　　從 1924 年（大正 13 年）12 月改名為臺灣總督府專賣局的宜蘭出張所，於 1934 年（昭和 9 年）開始介入頭城搶孤的活動。上述第四節的第四小節已說明了，當時在台灣，單就酒專賣收入的實質財政成績而言，「已經可謂成功達成台灣總督府之原『財政專賣』目的」。專賣的收益佔日本殖民地政府很大的比重。因此，專賣組合的介入搶孤活動，姑不論是否真心熱烈贊助，諸如：在原先傳統搶孤之上，已有雞鴨魚肉等祭品與順風旗的獎賞，專賣局小賣人組合的贊助之下，在此時已有「金牌數面」的加碼。而日本殖民主義政府是否看在財政歲稅收的著眼點，在幕後授意鼓勵參與，就不得而知。

　　或者是基於商業的目的，亦或是為達到官方的宣傳的目的，如：為數眾

多的專賣系統人員以森永所長爲首，率領職員與零售商達 120 餘人的隊伍，以樂隊爲前導，參與施放水燈，擴大參與，趁機亮相，大打知名度。而且在孤棚前陳列各種專賣品，作爲搶孤優勝選手的附帶獎品，藉機作商業性的宣傳。對於搶孤活動的氣氛則有實質上的推波助瀾之功效。

七、觀光的導向已見端倪

（一）交通的愈形發達

宜蘭對外道路交通有「淡蘭古道」〔註 34〕及坪林通往宜蘭道路〔註 35〕。另外，1924 年（大正 13 年）12 月 1 日，八堵至蘇澳間的「宜蘭線」鐵道，全長 97.6 公里全線通車，居功厥偉。再有宜蘭境內的客運自動車的營運的配合，於是，每有搶孤的活動，必有向鐵道部申請臨時列車以及自動車增駛不定時運轉等等的報導。

（二）經濟大恐慌後的景氣回昇

1935 年（昭和 10 年）8 月 27 日的「頭圍佛祖廟：中元普施，高棚競技」預先報導：

> 「宜蘭郡頭圍庄中元祭典……設祭壇。建立高棚，……供一般觀覽。聞此種高棚競技，稱爲臺灣全島唯一。每年各地人士，觀客達數萬人。聞本年度農商景氣回復，一般經濟緩和。在地有志，各奮發踵事增華。目下籌備中，時到料想意外盛況。」

1936 年（昭和 11 年）9 月 13 日的《臺灣日日新報》漢文版以「頭圍搶孤：運轉臨時車，募集觀光團」爲標題，報導如下：

> 「宜蘭郡頭圍庄……本年一般農村景氣甚佳，比例年培〔倍〕加熱鬧。……鑑及頭圍搶孤，全島著名，故對基隆、四腳亭、瑞芳、猴洞、雙溪驛，募集團體千餘名來觀云。」

1935 年新聞的報導宣傳和 1936 年媒體主動行銷以外，1936 年的 9 月 19 日的報導「頭圍庄普度，搶孤熱鬧」中更提到「寫眞「與「映畫：

〔註 34〕 宜蘭的地形雖然閉鎖，但是對外交通自古仍然保持通行。早期西部、北部地區有數條路徑可以往來。比較方便的是由台北沿基隆河谷上溯，越過三貂嶺山地進入宜蘭。此路線經數度演變而成爲經由瑞芳、雙溪、貢寮、大里的「淡蘭古道」。

〔註 35〕 即今之「北宜公路」。1885 年劉銘傳整建，聯外交通有所改善。

「既報宜蘭郡下頭圍庄搶孤……。鐵道部，**特派活動寫真班，於驛前廣場映畫**。是日觀客，達四萬餘名。……又本年祭典行事，以農村景氣甚佳，呈未曾有之盛況。」

當時的台灣在度過了 1929～1933 年，亦即世人所稱的「經濟大恐慌」以後，《台灣日日新報》的報導即有著「**農商景氣回復，一般經濟緩和**。」的局面。而「鐵道部，**特派活動寫真班，於驛前廣場映畫**。」，自不待言，隨著搶孤活動的一再舉辦，台灣早期的科技產品，照像以及播放電影的觀光活動也因應而生，呈現於當時的祭祀活動的熱鬧行列之中。

八、小結

日本殖民政府在台灣的施政大異於清朝政府。因為，日本殖民政府的交通政策促使閉鎖於台灣東北部的宜蘭頭圍伴隨著搶孤適時而興起。加以當時頗為現代化新聞媒體的報導，頭城搶孤已經擺脫了清領時期的社會邊緣人的負面報導，代之而起的是，藉由比賽方式及難度的提高，也讓頭城搶孤漸漸地走向體育競技的正面形象。

頭城搶孤的崛起，舊七月中元祭典的普度，已經不再只是「人家」的「私普」而已，也跳脫了「好事者醵金為首」的方式的「公普」。代之而起的是，商業界各業的「同業」型態的普度，或是搶孤活動也由「社區」來動員，而豎立在孤棚上面所掛出來的，也呈現出各種行業提供各具不同供品類型的孤棧。

同時，由於菸酒專賣業者的介入，頭城搶孤也不免趨於朝向「商業」以及「觀光」的模式推進。

第四章　終戰後初次復辦及停辦的轉折

　　20 世紀的第二次世界大戰於 1945 年告一段落，日本帝國戰敗退出台灣—這個曾經於 1895 年，戰敗的清帝國依馬關條約（日本稱之為下關條約）第二款「永久讓與日本」的領土。日本人結束在台灣的五十年的統治權，台灣地區的管轄權，由代替聯軍來台接收的國民黨軍隊所取代。

　　戰後初期，亦即 1946、1947、1948 年（民國 35、36、37 年）頭城曾經連續三年舉辦搶孤，但是這一段歷史資料大多付之闕如，並不容易完整獲得。相較於清朝及日治時期，頭城搶孤在此一時段所顯現出來的內涵上已經產生了很大的變化。

　　因此，以所獲得的有限的資料回溯當時的情形，依時間先後次序，將頭城搶孤於這段期間內的復辦的原因逐一爬梳，將其所呈現出的社會內涵逐一剖析後，再將其所呈現出來不同的變化作一個有系統的描述。

第一節　戰後初次復辦的因素

一、地方人士及信仰的要求

　　搶孤在日治時期，因著中日戰爭於 1937 年（民國 26 年）的開打，以及後來發生第二次世界大戰，因為戰爭時期物資的缺乏而中止。戰後日本從台灣退出，1946 年（民國 35 年），在首任鄉長（當時為頭圍鄉）盧纘祥的提倡與本鎮全體鎮民的配合下，又恢復舉行。〔註1〕不過據前中元祭典委

〔註1〕　林正芳總編，《續修頭城鎮志（下）》，（宜蘭縣頭城鎮：頭城鎮公所 2002 年），頁 520。

員會總幹事陳文琛的訪問調查，本次的搶孤是由當時頭城的地方上有名望的人士，一起向鄉長盧纘祥進言、要求而爭取得來的。由於盧纘祥個人的魅力以及作爲地方頭人的聲望，在他的安排之下，頭城搶孤符合地方人士的盼望而舉行。

二、頭城鄉長盧纘祥個人的因素

國民黨政府領台之後，鑑於地方行政區域沿襲日據時期舊制，當時的宜蘭地區在行政系統上仍然隸屬台北縣，1948 年（民國 37 年）春，盧纘祥出任「新蘭陽建設促進委員會會長，爭取宜蘭獨立設縣。」。1949 年（民國 38 年）12 月，當時的台灣省政府乃有調整地方行政區域之草案。1950 年（民國 39 年）09 月 08 日，省府頒佈奉行政院八月十六日議決之臺灣各縣市行政區域調整方案第二條內開：「宜蘭縣設縣治於宜蘭，轄宜蘭、羅東、蘇澳三區及宜蘭市，計一市十一鄉鎮」。遵照方案於是年 10 月 10 日，正式成立宜蘭縣。當時的頭圍鄉鄉長盧纘祥於 1951 年（民國 40 年）04 月 23 日，當選爲首任民選宜蘭縣長，也是改制後的宜蘭縣的首任縣長。旋於 06 月 01 日就職。〔註2〕

戰後初期的頭城搶孤之所以能夠再復辦，盧纘祥可以說是一位關鍵性的人物。在戰後初期的宜蘭縣的歷史上，他在這一個很關鍵的節骨上實在是扮演一個非常重要的角色。

（一）盧纘祥個人簡介

「盧纘祥，字史雲，號夢蘭，光緒二十九年九月九日（一九〇三、十、廿八）生於臺北縣烏山，祖籍福建省龍溪縣。六歲時，隨生父盧春發遷居宜蘭三星，復遷至頭城武營。春發東家盧廷翰（嬰、阿嬰）以嫡子上元乏嗣，與夫人陳氏定娘磋商，乞纘祥爲螟蛉孫。纘祥乳名阿枝，過繼之後，廷翰延宿儒鄭騰輝爲之正名。廷翰富而好義，有田地數百甲，房屋百餘幢，時諺云：「有盧家富，無盧家厝；有盧家厝，無盧家富。」迄今地方父老仍耳熟能詳。

氏之養父早逝，廷翰去世時所遺產業已大不如前，全賴祖母陳氏刻苦經營，含辛教養，時當日據時期，陳氏特設就正軒書院，延聘吳

〔註2〕 宜蘭縣文獻委員會，〈宜蘭縣志卷三政事志第二篇行政篇〉收錄於《台灣省宜蘭縣志（五）》（台北市：成文出版社有限公司 19834 年 03 月），頁 37～38。

祥輝、葉文樞、萬惠生等教授漢學詩文，氏受教凡四年。民國十五年，並與鎮內有志之士十八人組織登瀛吟社，藉維中華文化於不墜，並於十九年被推爲社長。

氏擅貨殖，民國九年（1920），年方十八歲，即經營榮興商行。二十年（1931）起，另以建豐商行，從事米穀生意五年。十年（1921），當選頭圍信用組合理事。十七年（1928），再度當選頭圍信用購買販賣利用組合理事，同年六月出任組合長。直至二十五年（1936）始暫辭組合長職務。任內積極整頓社務，短短兩年，該社面目一新。其後，氏分別主持臺灣石粉株式會社、蘇澳糖業株式會社、玉豐商事株式會社、蘭陽產業株式會社等。氏亦積極參與地方政治，民國十七年，被任命爲頭圍庄協議會員；二十四年，首次地方選舉，氏亦順利當選民選庄協議會員。二十八年，被選爲臺北州會議員。

光復後，氏奉派爲首任頭城鄉鄉長，三十五年（1946），倡辦頭城中學，教育地方青年。翌年，膺選臺北縣議會議員、副議長、議長（時臺北縣包括宜蘭），兼任頭城中學校長。三十七年春，出任新蘭陽建設促進委員會會長，爭取宜蘭獨立設縣。協助推行三七五減租。四十年四月，當選宜蘭縣首任民選縣長，任內大舉造林，政績卓著。推行土地改革。四十二年，兼任縣文獻會主委，主持纂修宜蘭縣志。四十三年六月任滿，獲聘爲省府委員，對省政多所獻替。四十四年，籌組中國水泥公司，致積勞成疾。四十六年五月廿六日，在省府預算會議上，因腦溢血而遽然去世，享年五十六歲，英年早逝，實本縣莫大之損失。」〔註3〕

（二）早年投身政治

事實上，盧纘祥養家父親的尊翁，盧廷翰在日治初期已被當時的日本在台殖民政府任命爲地方的參事，〔註4〕以備諮詢及協辦地方事務。因此，盧家早在那個年代已然參與地方事務。

上述的描述，「……氏亦積極參與地方政治，民國十七年，被任命爲頭圍庄協議會員；二十四年，首次地方選舉，氏亦順利當選民選庄協議會員。二

〔註3〕　莊英章、吳文星纂修《頭城鎮志》（宜蘭縣頭城鎮：頭城鎮公所 1985 年 12 月），頁 413～414。
〔註4〕　林正芳編纂，《續修頭城鎮志（上）》，頁 131。

十八年，被選為臺北州會議員。……」可見盧纘祥早在他40歲以前也已經投入地方政治的參與了。終戰後，「奉派為首任頭城鄉鄉長」，「翌年（1947），膺選臺北縣議會議員、副議長、議長（時臺北縣包括宜蘭）」，由此可見在終戰後國民政府主政的初期，已經是一位政壇上頗為活躍的人物。

（三）終戰後漸露頭角

儘管盧纘祥早年在政治圈內是活躍的人物，本身又有才華、德行兼備。但是只有這樣，尚仍不足以當地方的「頭人」。而他除了本身的條件外，尚具備了領袖的魅力。

清領廟宇興起後，台灣各地的聚落既非以家族組成基礎，居民間也多無血緣關係，鄉紳街耆領導民眾，除領導者本身品望、能力及官方支持的程度外，還需要以寺廟作為輔助，才容易收到顯著的效果。於是地方領袖常藉神明的力量，凝聚地方百姓。〔註5〕盧纘祥本身學識淵博，又能詩詞，加以身為當時的頭圍鄉長，因此在各方敦請主辦搶孤，自屬適當人選。

1945年（民國34年），終戰後，為了迎接台灣的光復，「頭城組織『台灣光復同慶會』，由盧纘祥任會長，林才添為副會長，各路口及火車站前搭建牌樓，恭請被日本人撤走的神佛復位並祭拜奉告，家家戶戶張燈結綵，並演戲助興。」〔註6〕因此，政治上的迎接「台灣光復」，這在剛終戰當頭的台灣是很自然地蔚為一種風氣，而「恭請被日本人撤走的神佛復位並祭拜奉告」乙事，正是從清領時期以來，村庄聚落的廟宇興起後，地方的士紳、鄉董逐漸變成地方領袖的例子之一，而此等地方人士也逐漸再蛻化成地方政治上的角頭。

（四）二二八事件後成為宜蘭縣的「頭人」

二二八事件〔註7〕是台灣史上一大政治及軍事的事件。當時的宜蘭在台灣人的觀念中是屬於交通相對不便的「後山」，而整個宜蘭，除頭城較為平靜無事外，宜蘭、羅東、蘇澳各地均傳出半夜抓人、殺人的事件。〔註8〕

〔註5〕 盧胡彬，〈頭城的寺廟與地方發展〉（白沙人文社會學報第2期2003年10月），頁274。

〔註6〕 沈秀華、張文義採訪記錄，《二二八噶瑪蘭——宜蘭228口述歷史》（台北市：自立晚報社文化出版部1992年02月），頁2。

〔註7〕 二二八事件是台灣於1947年2月至5月間發生的大規模衝突流血事件。遠流台灣館編，《台灣史小事典》（台北市：遠流出版事業股份有限公司2000年09月10日），頁162～163。

〔註8〕 沈秀華、張文義採訪記錄，《二二八噶瑪蘭——宜蘭228口述歷史》，頁2，8。

因此，宜蘭的蘭陽大橋、蘇澳的白米橋以及頭城的媽祖廟皆有國軍槍殺百姓的記錄。

國軍本來打算把二二八受難者載到海邊塡海的，因爲當時通往海邊的木橋斷了，不能通行，才臨時在03月20日凌晨左右在媽祖廟前就地槍殺。

下面節錄了《宜蘭228口述歷史》的部份記錄：

根據宜蘭受難者郭章垣（當時宜蘭病院院長）女兒郭勝華的口述：「……阮媽媽是有人通知，才知影阮爸爸死在頭城。後來家屬透過盧纘祥出面和軍部交涉，允許家屬收屍。但是，國軍不准白天收屍，必須在半暝才可以收屍……」。

根據宜蘭受難者葉風鼓（當時宜蘭區署警務課代理課長）兒子葉坤彰的口述：「接到消息，阮媽媽就帶著我們，先回礁溪娘家，親戚有很多人都來幫忙，等到天暗以後，再到頭城媽祖廟收屍。所有的家屬都不敢太「公開」，不敢一起走，都是零零落落的前去，很怕又發生事情。爲著收屍，家屬去拜託地方士紳盧纘祥出面和軍方交涉，在軍方當做不知情下，允許家屬收屍。」

又根據另一位受難者賴阿塗（當時的警察）之妻陳阿春的口述「……阮大官就這樣去頭城，到頭城，就聽人講媽祖宮頭前有打死人，一去到媽祖宮，阮大官就看到阮頭家的警帽掛在樹頂，嗚……軍方不讓阮收屍……（受訪者哭嚎難過，語氣中斷），後來是盧纘祥出面和軍方商量，……到暗時才讓阮收屍……嗚……無代無誌這樣，嗚……。（受訪者斷斷續續的哭訴，時而哭嚎）」，「本來他們是要被載去頭城大坑罟海邊塡海，因爲路壞才載回來媽祖宮前打死，阮大官看一時也不可以收屍，就先回來厝，卡晚我和阮大官、葉風鼓、呂金發的家人才作伙去頭城收屍，那時是二十七日傍晚。」〔註9〕

從上面口述歷史的記錄，盧纘祥在二二八的時節，局勢動盪的宜蘭縣內，扮演了民間跟軍方交涉的對話窗口。在那個屬於軍事政府轄下的台灣，又處於風聲鶴唳的二二八事件中，無論如何，能跟軍方交涉者，到底還是需要勇氣的。當然，我們也相信他替受難家屬們安頓了很多切身的事情。

〔註9〕沈秀華、張文義採訪記錄，《二二八噶瑪蘭──宜蘭228口述歷史》，頁27，88，102。

第二節　戰後頭城搶孤的意涵

一、恢復固有的宗教活動

　　雖然日本殖民政府治台之初期，由於後藤新平的懷柔政策下的「尊重風俗習慣」在當時的客觀環境之下就成為日本殖民地政府治理台灣的最高指導原則。我們認為這也促成了後來的頭城搶孤應運而產生。

　　但是日本於 1937 年（民國 26 年）製造蘆溝橋事變，對中國發動戰爭之後，配合日本軍國主義戰爭的需要，在台灣推動「皇民化運動」。過去在表面上對台灣傳統宗教信仰採取寬鬆的態度，但到此時，實質上已準備透過「寺廟整理政策」〔註 10〕對台灣廟宇加以整頓，尤其是更企圖全面性的廢除清代官方祀典廟宇。當時的日本殖民地政府，一方面不干涉民間宗教信仰，但同時又把民間信仰冠以迷信二字，試圖予以掃除。另一方面積極提倡日本神道教，獎勵日本各宗教進入台灣。此一時期，在殖民政府對於台灣漢人信仰的貶抑之下，禁止台灣原有寺廟活動及偶像，風俗習慣，這時的台灣廟宇可以說是進入了一個黑暗期。尤其在日治末期殖民政府大力推展所謂的「皇民化運動」，台灣民間除了佛教神明之外，許多神像多被以「送神上天」的藉口加以強制沒收銷毀，許多民間信仰與道教廟宇也因此受到破壞。〔註 11〕1941 年開始，全台成立「皇民奉公會」等戰鬥組織，連文學、戲劇、音樂也被要求表現「皇民」的精神和特質。〔註 12〕

　　台灣自清領以來廟宇的興起之後，從大廟如佛祖廟乃至鄉村田埂的小小廟，可以說是在歷經兩、三百年，「神佛、神像已完全主宰台灣人的精神信仰」。〔註 13〕廟宇、神明、神像的信仰已經深植人心，不可能由日本統治者的神祇所取代。

　　終戰後頭城搶孤的重新舉辦，在一開始的階段，可說是因戰爭結束，百廢待舉之際，在人們的心裡，值此萬方多難的時節，恢復昔時頭圍的宗教信仰以求得一般百姓在心靈上的慰藉作為主要的活動。

〔註 10〕陳玲蓉，《日據時期神道統治下的台灣宗教政策》（台北市：自立晚報社文化出版部 1992 年 04 月），頁 246。
〔註 11〕謝宗榮，《台灣傳統宗教文化》（台中市：晨星出版有限公司 2003 年 05 月 30 日），頁 67。
〔註 12〕向陽執筆，《台灣的故事》（臺北縣淡水鎮：群策會李登輝學校 2004），頁 74。
〔註 13〕陳玲蓉，《日據時期神道統治下的台灣宗教政策》（台北市：自立晚報社文化出版部 1992 年 04 月），頁 248。

二、終戰後遺症

在人類世界的戰爭史中，天災、瘟疫、疾病往往隨著戰爭的結束接踵而來。而戰爭的破壞、悲慘、往往也促成宗教信仰的興起。根據訪問前頭城中元祭典委員會陳文琛的田野調查，除了上述地方人士的要求鄉長盧纘祥重新舉辦搶孤爲主要因素之外，尚有下列天災、病蟲害、疾病等因素。茲分別敘述如下：

（一）得子口溪經常氾濫

宜蘭縣爲一沖積扇三角洲的地形。蘭陽溪將宜蘭區分爲溪南及溪北兩大部份。而溪北的頭城、礁溪地區，又有得子溪橫亙其間。得子口溪流域之人口約佔宜蘭縣的 10%，居民以農、漁、養殖業爲主。流經之行政區包含頭城鎮、礁溪鄉、壯圍鄉及宜蘭市，其中頭城鎮包含下埔、二城、金盈、中崙等 4 里；礁溪鄉的白雲、玉石、德陽、六結、大忠、大義、二龍、時潮、玉田、光武、三氏、林美、白鵝、玉光、吳沙、龍潭等 16 個村。〔註14〕

但是，得子溪由於地勢低窪，一遇豪雨，經常積水淤塞。得子口溪下游北折匯金面溪及福德溪，在頂埔附近出海（得子口溪下游稱頭城河），其地勢極低，等高線多低於 2.5 公尺。〔註15〕

本節的圖 4-1 爲沿海低地等高線 5 公尺以下的蘭陽平原淹水區域，此地區由於地勢低窪，加上沿海沙丘遍布高過平原，每當颱風、暴雨來襲，因河水渲洩不及，常常發生積水現象，尤其是得子口溪、宜蘭河及冬山河下游一帶。〔註16〕

日本殖民地政府對於宜蘭頭城境內的水利曾於 1928 年（昭和 3 年）8 月興工，將頭城大福以下河道改引至淇武蘭溪，並掘深河道。該工程全長 3,527 公尺，於 1929 年（昭和 4 年）元月完工。改善後水流更形暢通，減少水患發生。〔註17〕

但是自 1941 年至 1945 年二次大戰期間，由於日人將大部分的人力、物力

〔註14〕經濟部水利環境規劃實驗所，《「易淹水地區水患治理計劃」第一階段實施計劃 宜蘭縣得子口溪（含支流排水）環境營造規劃》（台中縣霧峰鄉：經濟部水利環境規劃實驗所 2008 年 06 月），頁 2～2，2～3。

〔註15〕黃雯娟，《宜蘭縣水利發展史 宜蘭縣史系列 經濟類 1》（宜蘭縣：宜蘭縣政府 1998 年 07 月），頁 37。

〔註16〕黃雯娟，《宜蘭縣水利發展史 宜蘭縣史系列 經濟類 1》，頁 37。

〔註17〕黃雯娟，《宜蘭縣水利發展史 宜蘭縣史系列 經濟類 1》，頁 147。

投注於戰場，一切建設事業幾乎停頓。就水利事業而言，除了新的工程無法進行之外，對於定期的維修、養護工程亦無暇照顧，加以台灣風災頻仍，特別是戰爭期間，1942、1943 連續兩年颱風頻傳、水患不斷，使得原有的灌溉、防洪工程因風雨的侵襲而加速損壞。根據統計，1942 年（昭和 17 年）全省埤圳，灌溉面積達 530，891 公頃，到了 1946 年（民國 35 年）初，灌溉面積僅及 497，043 公頃，灌溉面積不增反減，確實反應出水利事業發展的受頓。〔註18〕

由於戰前上述水利工程的停頓失修，戰後又連年豪大雨，導致水患不斷。

1946 年（民國 35 年）07 月 19 日的《台灣新生報》〔註19〕於第四版的日文〈地方短訊〉中有以：「趙農林處長等視察頭圍溪」爲標題的報導。

1947 年（民國 36 年）11 月 15 日的《台灣新生報》第四版以「暴雨成災堤防崩潰羅東區盡成澤國」爲標題報導了「全境稻谷均毀交通斷絕已報損失十一億六千萬」。

1948 年（民國 37 年）03 月 27 日以「宜蘭四溪堤防工程勘查完竣即將開工工程費總共一億三千萬」爲標題報導「宜蘭縣福德坑溪、五十溪、大礁溪、得子口溪之堤防，因去年十一月間被洪水浸襲，以致被沖破或流失數十處，台北縣府鑑于各該河川堤防如不積極修復，勢將演成第二次災害，特於日前派員來宜，實地堪查完竣，共需總工程費一億三千七百八十三萬。」

又，1946～1948 年（民國 35～37 年）這段期間內所發生的颱風及水害在《宜蘭縣大事記》中也有詳細的記錄：

1946 年（民國 35 年）有「六月二十二日，颱風襲蘇澳，損失慘重。」

1947 年（民國 36 年）有「秋季蘭陽大水爲災。」

1948 年（民國 37 年）有「八月三十一日，蘇澳大坑罟地方防潮堤防竣工」，「蘇澳地方被洪水沖毀之圳路及堰堤，於本年全部修復。」〔註20〕

〔註18〕黃雯娟，《宜蘭縣水利發展史 宜蘭縣史系列 經濟類 1》，頁 194。

〔註19〕其前身是台灣日治時期有台灣總督府控制的《台灣新報》。而《台灣新報》是1944 年 03 月是由台灣總督府下令合併台灣主要的六家報紙（台北《台灣日日新報》、台北《興南新聞》、台中《台灣新聞》、台南《台灣日報》、高雄《高雄新報》、花蓮《東台灣新聞》）而成立的，該報於同年 04 月 01 日開始發行。戰後，國民政府接收《台灣新報》，改名爲《台灣新生報》。資料來源：http://zh.wikipedia.org/wiki/%E5%8F%B0%E7%81%A3%E6%96%B0%E5%A0%B1。

〔註20〕宜蘭縣文獻委員會編輯組《宜蘭縣志卷首中大事記》（宜蘭縣：宜蘭縣文獻委員會 1960 年 03 月），頁 75、78、79。

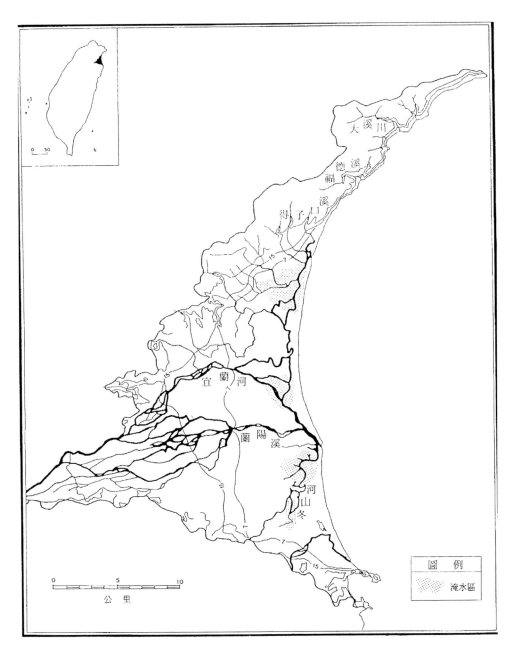

圖 4-1：蘭陽平原淹水區域

資料來源：黃雯娟，(《宜蘭縣水利發展史》宜蘭縣史系列　經濟類 1)（宜蘭縣政府 1998
　　年 07 月）頁 38。

　　以農立縣的蘭陽，在終戰初年，水患的不斷可以說是吃盡了苦頭。

（二）鹽水蜈蚣肆虐

水患連年，偏偏稻作又出病蟲害。台灣的氣候溫暖，適於各種病蟲繁殖。日治時期，視農作物病蟲害防治，有如救濟工作。

根據宜蘭縣志記載，「光復後，農林廳及農復會，協助各縣市農民，辦理各種作物病蟲害防治，頗爲積極，民國三十六年，宜蘭縣頭城及礁溪一帶，近千頃稻田，遭受鹽水蜈蚣爲害。曾應用氟矽酸鈉防治，結果雖能死滅，但對水稻生育則有阻礙。」〔註21〕

這種「鹽水蜈蚣」本是虱目魚塭的一種害蟲。此蟲在學術上是屬 Eunice 屬，學名爲 Tylorrhynchus heterochaetus 此蟲之爲害虱目魚塭，是因爲它攝食池底土壤中的有機物質及在塭底表面土層作成很大的孔穴，妨礙底藻的繁生。

鹽水蜈蚣在虱目魚塭的盛繁期，是在秋末雨季過後，或春初灌注新水之後，塭水含鹽分尚未因蒸發而昇高之時期內，特別是在靠近外水路的魚塭或換水頻繁的魚苗池，此蟲之發生量特別多。〔註22〕

稍後於 1948 年（民國 37 年）04 月 11 日的《台灣新生報》第 5 版，以「宜蘭、羅東水稻田中生「鹽水蜈蚣」害蟲，受害農田八百甲，農林處正設法消滅中。」爲標題的報導，稱：「台北縣屬宜蘭羅東兩區水稻田中，發生土名「鹽水蜈蚣」一種，係屬圓形軟體動物，深居土中，咬食稻根，受其害者多傾倒枯萎，損失其重。」

1948 年（民國 37 年）08 月 19 日《台灣新生報》第 6 版的【本報宜蘭訊】以「宜蘭防治鹽水蜈蚣試驗結果成績良好」爲標題報導：「宜蘭署建設社課在頭城礁溪海邊水田『實施鹽水蜈蚣』驅除試驗，採用各種藥品，品種繼續試驗結果，業經獲得相當成績，據該課負責技術人員發表其第三次試驗於七月十日開始實施，供試要品分爲……」。此則報導並宣稱「每公頃可增收稻谷一千斤」，足見先前頭城鎮民極力倡言舉辦搶孤的誘因之一的農作物病蟲害至此已經受到控制。

因此，根據上述的文獻記載，發生在宜蘭縣的稻米農作物的病蟲害，在時間點上，應該是 1947 年（民國 36 年）既已發生，然而到了 1948 年（民國

〔註21〕方萍纂修，《宜蘭縣志卷四經濟志農業篇》（宜蘭縣：宜蘭縣文獻委員會 1962 年 11 月），頁 34。

〔註22〕唐允安，黃丁郎著，〈虱目魚塭海螺及鹽水蜈蚣的防治〉（中國水產第 107 期 1961 年 11 月），頁 12。

37 年）仍在蔓延之中。雖然據《台灣新生報》載所稱「成績相當」,「每公頃可增收稻谷一千斤」,但是日後的年代仍有「鹽水蜈蚣」的報導,顯見當時實際上尚未有有效的除蟲害的藥品出現。

1950 年（民國 39 年）初,《宜蘭縣志卷四經濟志農業篇》仍記載「由於農復會之補助,應用蔾莖二九三、二三八公斤。防治鹽水蜈蚣七五三、六公頃,防治農戶達六〇三戶,此項工作遂收極大之效果。」〔註23〕

可見 1948 年鹽水蜈蚣之病蟲害,當時的農復會曾經有處理,但只是暫時獲得控制,到了 1950 年（民國 39 年）03 月 14 日《台灣新生報》第四版仍然有「防治鹽水蜈蚣宜蘭組織委會」為標題的報導。病蟲害仍舊有復萌的趨勢。

1951、1952 年（民國 40、41 年）,根據唐允安、黃丁郎為文:「省水產試驗所生物系,調查宜蘭縣沿海一帶農田的鹽水蜈蚣,據報告在該縣沿海一帶的七〇〇公頃的稻田,自海岸伸延及陸地遠達四公里,皆遭受此蟲侵害。如當局能試驗使用「貝螺殺」防治此蟲害,可能遠較使用煙砂為經濟而有效。」〔註24〕

顯見,此種稻穀病蟲害,在歷經戰後的 1947、1948 年,或許得到短暫時的控制後,1950 年再度復萌,初期仍然無法作最有效的控制以至於農業當局只能考慮另外的殺蟲劑了。

（三）霍亂復萌

清領時期來台移墾者日漸增多,然而衛生條件自古不好。1895 年日本率軍攻台之戰役,日軍遭遇的最大難題並非是台灣人的武裝反抗,而是由於傳染疾病之流行而造成軍力耗損,就連台灣民主國成立後,率領近衛師團攻台司令的北白川宮能久親王也感染瘧疾,於 1895 年 11 月 4 日返抵東京後（橫須賀上陸）,隔日病死於自宅（根據日本官方公文與電報）。〔註25〕因此,「疫病問題」可以說是成為日本殖民政府從一開始就全力推動的施政方針,公共衛生的維護、控制傳染病的擴散就作為鞏固殖民統治的優先工作。

1920 年代之前,宜蘭地區地理形勢封閉,陸路交通困難,對外往來不多,

〔註23〕方萍纂修,《宜蘭縣志卷四經濟志農業篇》,頁 34。
〔註24〕唐允安,黃丁郎著,〈虱目魚塭海螺及鹽水蜈蚣的防治〉,頁 12。
〔註25〕台灣文史研究者黃榮洛對此事有不同看法。見黃榮洛,《渡台悲歌——台灣的開拓與抗爭史話》（台北市:臺原出版社 1997 年 01 月第一版六刷）,頁 90～107。

有利於阻隔外來的傳染病;因此,日治初期宜蘭官廳並未隨即面臨防疫的問題。1920 年,日本治台殖民政策調整,內地延長主義施行,又引進新的公衛生措施,顯示因應日本帝國發展的需要,公共衛生又被推至另一新的階段。〔註26〕1920 年代以降,由於伴隨東部鐵路線的開通,地區傳染病流行有增加的趨勢;而且由於殖民政策調整,官方開始重視慢性傳染病防治。〔註27〕

由於日本殖民地政府認爲公共衛生與增進殖民地生產力有關,因此進入了 20 世紀,把在台灣的公共衛生作爲是近代化的措施。雖然這是因應日本殖民的需要,然而公共衛生之對於台灣社會的意義,正如日本殖民地政府在台灣的其他重要的建設一般,也是提供了台灣社會近代化變遷的機制。

回顧日治時期,在宜蘭地區曾經有三次霍亂流行的記錄:

第一次發生在 1912 年(大正元年),呈暴發性的流行,患、死者數皆高達三百餘人。

第二次在 1919 年(大正 8 年),羅東支廳、發現患死者一人,由於控制得宜,疫情並未蔓延。

第三次在 1930 年,蘇澳郡發現患、死者各一人,也是不久即控制疫情。要言之,從日治中期以後官廳防疫工作既快速又有效,顯示防疫系統運作較爲靈活,地區也願意配合。否則恐難有此成效。〔註28〕

然而,戰後初期受到中國大陸政局混亂的影響,台灣的衛生系統一時難以建立,公共衛生也呈現失序的狀況。

1946 年(民國 35 年)行政長官公署支出幾乎全部用於維持軍公教俸餉,分配於經濟建設、教育文化及衛生之經費僅及總概算的 3%。當時台灣社會經濟問題亦頗嚴重。臺灣物資缺乏、物價高漲、財政困難,換言之,由於衛生行政部門無法負擔應有的職責,使公共衛生狀況嚴重倒退。〔註29〕

偏偏這個時候,卻發生了許久不曾發生的霍亂。1946 年(民國 35 年)7 月 20 日《台灣新生報》第四版以日文「コレラ(虎列拉)魔侵入礁溪死亡六

〔註26〕范燕秋,《宜蘭縣醫療衛生史 宜蘭縣使系列 社會類 5》(宜蘭縣:宜蘭縣政府 2004 年),頁 60。引自范燕秋,《日據前期臺灣之公共衛生——以防疫爲中心之研究》(台北市:師大史研所碩論 1994b)頁 206～207。
〔註27〕范燕秋,《宜蘭縣醫療衛生史 宜蘭縣使系列 社會類 5》,頁 118,引自宜蘭廳,《宜蘭廳統計要覽》,1919,頁 227。
〔註28〕范燕秋,《宜蘭縣醫療衛生史 宜蘭縣使系列 社會類 5》,頁 128。
〔註29〕范燕秋,《宜蘭縣醫療衛生史 宜蘭縣使系列 社會類 5》,頁 248。

名、患者二十名」報導霍亂消息，幾天後的 07 月 24 日在其第三版以漢文「宜蘭區礁溪鄉霍亂大有蔓延之兆」爲題，報導省衛生局王課長視察後的談話。

　　1946 年（民國 35 年）8 月 02 日的《新生報》批露此次突然暴發的霍亂流行，以「早日除掃霍亂爲要，礁溪鄉霍亂已死十八人」爲標題報導。

　　又筆名汗巾，發表在〈菸台〉雜誌謂：在日治時期的台灣，經常有「虎疫」的報導，而臺灣省於 1946 年亦發生 3,809 例，死亡 2,210 人，佔 58.02%。〔註30〕

　　霍亂（Cholera）一語，是以劇烈腹瀉以至於引起嚴重脫水休克而死亡的「法定傳染病」。古時稱爲「絞腸痧」或「瘴瘰痧」，民間俗稱「吐瀉症」，又叫「虎烈拉」喻其來勢凶猛及害人之眾，在 1817 年到 1933 年之間，曾造成全球六次大流行：在 1883 年，Koch 氏在埃及霍亂患者糞便中，首次發現霍亂弧菌（Vibrio Cholerae）。霍亂菌很容易被酸所殺死，2%的鹽酸即可將本菌殺死。〔註31〕昔時常聽老人家說：「夏天多吃酸梅，很好。」。

　　1949 年（民國 38 年）自大陸撤退來臺的國軍更賴出售庫存黃金來支應〔註32〕。政府在財政拮据狀況下，難以兼顧公共衛生措施。一直到 1950 年韓戰爆發後，美國開始以政經支援臺灣，臺灣衛生行政組織才爲之整頓。

三、加入二二八亡魂之祭

　　在蘭陽的開拓史上，1768 年（清乾隆 33 年）林漢生召集眾人入墾噶瑪蘭，不幸與噶瑪蘭人發生激烈衝突，林漢生被殺，功敗垂成，墾眾只得退回。其後，漢人移墾狀況不得其詳，直至吳沙入墾方有較完整的史料留存。1796 年（嘉慶元年）募集流民千餘人成功入墾蘭陽。因與原住民的戰鬥甚烈，以及流行天花痘症，一時死者枕藉。〔註33〕

　　因此，在宜蘭人的民間信仰中，「有應公信仰」頗爲興盛，這應與漢人開發蘭地慘烈的狀況有關。漢人相信人死去了，若無人祭祀、橫死或冤死的話，這些亡魂若因無人祭祀而受寒挨餓，會出來作祟人間，所以每年要

〔註30〕汗巾，〈衛生常識 認識霍亂〉（菸台第十五卷第十一期 1978 年 06 月），頁 24。本文作者特別註明文章承鄭隆炎醫師的指教及陳漢湘、連傑權醫師之斧正。
〔註31〕莊金座〈霍亂〉（衛生雜誌第十三卷第 11 期 1958 年 07 月），頁 28。
〔註32〕趙既昌，《美援的運用》（台北市：聯經 1985 年），頁 45、22。
〔註33〕莊英章、吳文星纂修《頭城鎮志》（宜蘭縣頭城鎮：頭城鎮公所 1985 年 12 月），頁 38〜39。

舉辦「普度」儀式來超度他們。另外，在宜蘭還有一種很特殊的有應公信仰就是「瑪璘公」信仰，「瑪璘公」崇拜的就是平埔族人的骨骸。想當初漢人入墾蘭地時，大批的平埔族人遭受了甚至滅族式的慘劇；而漢先民當然心有所愧疚，深感罪惡，因而將所撿拾到的絕後之平埔人骨骸，加以蓋廟奉祀。〔註34〕

搶孤所祭祀的是泛指一般所謂的孤魂野鬼的有應公／媽，理應也包括瑪璘公。我們可以從姚瑩於所寫的〈噶瑪蘭厲壇祭文〉就可以看出，內容不但祭漢人也祭原住民的亡魂。茲錄〈噶瑪蘭厲壇祭文〉全文如下：

> 嗚呼！上帝好生，蠢靈無異；聖王御世，中外一家。安民以惠為先，善俗以和為貴。冤慘之深，莫過沙場不返；厲氣之積，多由餒鬼無依。

> 嗟爾，噶瑪蘭開闢之初，三籍流民皆以孤身遠來異域。或負耒營田，披荊斬棘；或橫戈保眾，賈勇爭先。探身鯨鱷之淵，射利虎豹之窟；始與兇番格鬥，繼乃同類相殘。戰爭越十五年，死亡以數千計。聚眾奪地，沒既無名；違例開邊，死且負咎。重洋阻隔，魂蹢躅以安歸？亂塚縱橫，骨拋殘而莫辨。肝腦空塗，未得一弓之地；幽冥淪滯，長喞九壤之悲。

> 至於三十六社土番，被髮文身，聖化未沐，含生負性，覆載攸同。草為衣而肉為食，猿鹿是伍，何知布粟之精？巢斯處而穴斯居，風雨飄零，不解宮室之美。射鹿打牲，以鏢弩為耒耜；赤男裸女，無葬娶與室家；睢睢盱盱，榛榛狂狂。乃始以市買而通漢，繼因土地而交爭，戰鬥屢摧，信漢人果有神助；疆原日蹙，疑番眾殆是天亡。生雖愚陋無知，白刃可蹈；死亦沉冤莫釋，碧血難消。

> 更有黃髮少年、白衣壯士，奮孤忠而討賊，識大義以勤王；當孫恩猖獗之時，亦盧循縱橫之會。蛟吞鯨視，屢思破卵營巢；大旆樓船，尚待焚艘拔幟。乃父老深明順逆，士女爭饋壺漿；生擒醜類投轅，願效前驅破敵。功成碧海，身喪黃泉；莫考姓名，未蒙恤典。忠誠不減，義魄何安。

〔註34〕游謙、施芳瓏作，林美容編纂《宜蘭縣史系列，社會類4 宜蘭縣民間縣信仰》（宜蘭縣：宜蘭縣政府 2004 年 07 月），頁 11。

方今天子懷柔，澤周海外。嘉群番之嚮義，負籍歸誠；憫絕域之初通，設官布化。授地分田，鯤瀛有截；食租免稅，鱗冊無頗。十二年教養涵濡，七萬戶謳歌鼓舞。漢庶則成家聚族，都忘鋒鏑之艱；番黎亦鑿雨鋤雲，漸有衣冠之象。生人安矣，受福方長；死者哀哉，含悲何極。萬眾青燐之鬼，不免餒而；頻年癘瘧之災，良有以也。

瑩等共膚此土，保赤為懷。睹民番之錯處，日久而安；念冥漠之沈淪，心悲以惻；爰廣安民之惠，更修祀鬼之壇。建旛招魂，設屋為主，傳集三籍各社耆長，涓吉致祭。俾知忘身保眾，死事無別乎公私；木本水源，此日猶申其禋祀。苫楹既置，足以栖靈；生籍雖殊，何妨共食？奮身以爭地，身亡地喪，尚復何爭；為漢以怨番，漢睦番和，可以無怨。如果讎忿兩釋，自能屬氣潛銷。漢乘風而內渡，速返鄉園；番超脫於沈幽，各登善地。從此人鬼相安，民番永樂。殊方異域，皆成舜日堯天；滯魄冤魂，盡化和風甘雨：豈不休哉？尚饗！

噶瑪蘭始入版圖，民番未能和睦，時有械鬥，又頻歲多災。瑩鋤除強暴，教以禮讓，民番大和。乃以秋仲，會集三籍漢民、生熟各社番，設屬壇於北郊，祀開蘭以來死者。為漳籍之位於左，泉、粵二籍之位於右，列社番之位於地，以從其俗；城隍為之主，列位於上。是日，文武咸集，率各民番，盛陳酒醴牲核以祀之，至者二千餘人。社番亦具衣冠，隨眾跪拜，如漢人禮。祀畢，又使民、番互拜。瑩乃剴切諭以和睦親上之義，陳說五倫之道，使善番語者逐句傳繹之。環聽如堵，多泣下者。【《東槎紀略154》】。

〔註35〕

清領時期不管有沒有搶孤，普度所祭祀孤魂野鬼，泛指所有沒人祭祀的亡魂，包括渡台的先民和原住民。而日治時期頭城搶孤於1923年《台灣日日新報》的首度報導也包括了開蘭的吳沙等先賢。

1947年台灣所發生的二二八槍擊事件，依據沈秀華、張文義採訪記錄的《二二八噶瑪蘭—宜蘭228口述歷史》一書中的敘述，「在宜蘭境內的國軍鎮

〔註35〕陳淑均，《噶瑪蘭廳志》（台北市：行政院文化建設委員會2006年），頁459～461。

壓過程中，宜蘭到底有多少死傷？以目前所能知道的，就有二十人以上被鎮壓軍槍決。他們的被槍決是「公報私仇」的結果。而當時參加「二二八處理委員會的人，也牽連不少人。」〔註36〕二二八受難者在宜蘭縣境境內究竟有多少人，也許尚無具體的統計，然而橫死、冤死者，未能查出身份者，依慣例仍然是為搶孤普度所祭祀的對象，概無疑義。

2008 年 5 月 10 日在訪問李舒陽〔註37〕法師，請教孤魂野鬼所包含的對象時，他就直指是所有的「老大公」，「有應公」。凡是沒人收留的亡魂，戰死的、橫死的，無名氏，甚至乞丐；包括空中的，海上的以及陸上的亡魂都是被祭拜的對象。

第三節　頭城搶孤的再次轉變

一、經費由官方籌募

台灣民間廟宇設立醮局的組織型制大致為：以主會、主醮、主壇、主普為四大柱為主要籌辦醮局各事項首要職務，又稱為「頂四柱」，各柱均有一人代表當任。「主會」為醮壇之總監督，負責一切事宜。「主醮」是督導道士，負責祭儀者。「主壇」負責辦理醮壇之建設與拆除事項。「主普」為普度負責人，辦理普施賑濟者。醮局依四大柱職責區分，但職掌其實仍屬概要，實際劃分不明，僅大體分工合作而已。「四大柱」下又設副會首、協會首、都會首、讚會首等「四小柱」亦稱為「下四柱」，作為輔助大柱以利醮局事務執行。〔註38〕

根據《續修頭城鎮志》的記載，1946 年（民國 35 年）的搶孤的整個儀式活動幾乎全體鎮民都參與，事務紛雜，組織龐大，因此「頭家」與「爐主」都是早在一年之前便已選出，目的是希望能夠有充裕的時間籌劃一切事宜。地方士紳及各庄有力人士也分別組成頂四柱主會首（召開會議）、主壇（結神壇）、主醮（安排醮事）、主普（讚普）。其他組織包括有下四柱：副會首、協會首、都會首、讚會首等。五官：天官、地官、人官、水官、火官等。及三官首（拜三界公及謝壇），觀音首、大士首（準備拜觀音大士所需牲禮）、水

〔註36〕沈秀華、張文義採訪記錄，《二二八噶瑪蘭──宜蘭 228 口述歷史》（台北市：自立晚報社文化出版部 1992 年 02 月），頁 8。

〔註37〕李舒陽，2008 年受訪時年 62 歲，1991 年搶孤當年，普度儀式的主事法師。

〔註38〕劉枝萬，《臺北市松山祈安建醮祭典》（中央研究院民族研究所專刊之十四 1967），頁 60。

燈首（有關放水燈事宜，傳統都是由大坑罟庄負責）、發表首（傳統都是由拔
雅林庄負責）、燈篙首（豎燈篙）等。〔註39〕而在此後的年代一直到當今頭城
搶孤的組織架構幾乎是雷同。

　　若回顧日治時期，依下列《台灣日日新報》的報導及民俗專家，片岡巖
及鈴木清一郎對台灣普度的記載，可以發現戰後頭城搶孤的醮局組織架構和
日治時期的頭城搶孤，相差無幾，可以說是沿襲日治時期的搶孤組織的架構。

　　在1923年（大正12年）9月15日的《台灣日日新報》首度以「蘭陽三
郡の代表的珍らしいお祭（上）それは頭圍の佛祖廟祭」報導頭城搶孤中有
提到祭典組織的人事，筆者茲翻譯如下：

　　「爐主是統籌支配大祭的所有事務，本年是由名叫「林傳」的人擔
　　任。另外又由各保輪番擔任「四大柱」的職務，所謂「四大柱」係
　　指主會、主壇、主醮、主普。擔任四大柱的各保，為了爭奪我是第
　　一，在自己的街道裏大加鋪張山珍海味，並演戲，呈現出一派非常
　　盛大熱鬧的光景。」

片岡巖在他的《臺灣風俗誌》中，亦指出：

　　「有關舉辦之事，爐主以下設有稱為三至六、七名的頭家，以及、主
　　會、主照（應為主醮）、主壇、主普、主事、天官首、水官首、地官
　　首等幹部，由爐主來指揮，各司其職。放水燈遊行時各主要幹部拿著
　　打上自己職稱的燈，或提著寫上大大的普照陰光的彩燈徐行。……吊
　　上數十、百支用紙或透明紙張貼而成，由壯丁扛著的座燈，多數是由
　　數街、數庄、或同姓夥同或一群同業集資製成的。」〔註40〕

稍晚的鈴木清一郎在其《台灣舊慣冠婚葬祭と年中行事》中的一文中所
述：

　　「約祭日兩週前，爐主準備跟各柱首協議。柱首是職稱，主會、主
　　醮、主壇、主普稱為頂四首，副會首、協會首、都會首、讚會首稱
　　為下四柱，天官首、地官首、水官首、三官首稱為外四柱；此外有，
　　獻供首，正副總理，水燈首、古佛首、斗燈首、高燈首、觀音首、
　　大士首、發榜首等，這些總稱為「柱首」以及在頂四柱各設有正副

〔註39〕林正芳編纂，《續修頭城鎮志（下）》（宜蘭縣頭城鎮：宜蘭縣頭城鎮公所2002
　　　年10月），頁520。
〔註40〕片岡巖，《台灣風俗誌》（台北市：台灣日日新報1921年02月10日），頁63。

數人，這些都是象徵著各自志願出錢的總額及多寡而定，有的是由
世襲而定的。」〔註41〕

　一般台灣的寺廟建醮，在醮局成立後，四大柱、斗首、總理醮事、辦理
醮事等皆由民眾領受，並以此作為醮典籌備分工。但戰後以來頭城舉辦搶孤
所辦理慶讚中元醮典，雖然醮局的組織架構大部沿襲日治時期，但是資金籌
募則是由鄉公所辦理的。執行承辦單位皆屬公部門體系，這是與一般民間籌
辦醮局組織最大的不同之處。

　我們若引用頭城鎮八大庄中元祭典籌備會民國卅六年以降關係書類綴
中，1946、1947、1948 年（民國 35、36 及 37 年）頭城搶孤組織的首士名冊
加以列表如下，吾人當能獲得一個清晰的架構。

　（一）1946 年（民國 35 年）陰曆七月中元祭典之分工情形為：

爐主：	林碧水、林時盈	三官首：	福成村眾信士
頭家：	周阿樹	天官首：	港口、外澳眾信士
主會：	武營村（代表者黃石同）	地官首：	嚴發成
主醮：	城南村（代表者阮旺財）	水宮首：	林合成（代表者林其才）
主壇：	新興村（代表者郭耀宗）	仁官首：	玉豐股份有限公司
主普：	頭城鎮漁業會（八大庄代辦）	總官首：	莊義興（代表者莊正傳）
副會首：	莊自得（代表者莊正發）	觀音首：	林德輝
協會首：	宗德商店（代表者吳進宜）	大士首：	廟公陳兩儀
都會首：	玉裕商店（代表者張文通）	水燈首：	大坑村漁合發爐主
讚會首：	莊仁壽（代表者莊鶩）	發表首：	拔雅林村眾信士
副會：	奇立丹林合興	燈篙首：	頭圍運送店
總理醮事：	鄉長盧纘祥	合境首：	眾漁戶
辦理醮事：	副鄉長張坤鏐 合作社主席林才添 鄉民代表會主席林錫虎	平安首：	林天送
		合會首：	新益社
		添丁首：	盧纘祥
		進財首：	郭進成
		植福首：	陳源珍
		迎祥首：	徐永傳

〔註41〕鈴木清一郎，《台灣舊慣冠婚葬祭と年中行事》（台北市：台灣日日新報 1936
　　　年 12 月 5 日），頁 449～450。

協理醮事：	大溪漁業公司		
	拔林漁業公司		
	外澳漁業公司		
	大里簡漁業公司		

〔註42〕

（二）1947年（民國36年）的祭典組織，我們可以對照手稿的「中元祭
典首士人名冊」與油印的「卅六年中元祭典首士人名冊」：

爐主：	吳文才	三官首：	福成村爐主眾信士
頭家：	周阿樹	天官首：	港口、外澳眾信士
主會：	城北村（代表者莊鱉）	地官首：	嚴發成
主醮：	城東村（代表者陳福來）	水官首：	林合成（代表者林其才）
主壇：	城西村（代表者黃見發）	仁官首：	玉豐股份有限公司
主普：	頭城鎮農會（八大庄代辦）	總官首：	莊義興（代表者莊正傳）
副會首：	莊自得（代表者莊正發）	觀音首：	林德輝
協會首：	宗德商店（代表者吳進宜）	大士首：	廟公陳兩儀
都會首：	新協豐行	水燈首：	大坑村漁合發爐主
讚會首：	莊仁壽（代表者莊鱉）	發表首：	拔雅林村眾信士
副會：	奇立丹林合興	燈篙首：	頭圍運送店
總理醮事：	鄉長林才添	合境首：	眾漁戶
辦理醮事：	副鄉長黃竹旺	平安首：	林天送
	總幹事黃來旺	合會首	新益社
	縣參議員盧纘祥	添丁首：	盧纘祥
	鄉民代表會主席林錫虎	進財首：	郭進成
		植福首：	陳源珍
		迎詳首：	徐永傳
		誠敬首：	呂木全
		祈安首：	義恒裕
		豐年首：	穗豐行

〔註42〕 本表原載於邱彥貴，林正芳，〈祭典篇〉收錄於《頭城搶孤民俗保存與文化創
意產業結合之研究》（宜蘭縣：蘭陽技術學院 2008 年 09 月 30 日），頁 69。依
中元祭典委員會〈民國卅六年中元祭典首士人名冊〉加以補充。

協理醮事：	鄉民合作社主席林錫虎 頭城漁業生產合社 石城漁業生產合社 頭城鄉漁會		

〔註43〕

比較上述兩份 1946、1947 年的名冊中，可以發現，大體而言，總理醮事因鄉長職務的改變由林才添替代盧續祥，「四大柱」由各村輪值更替外，前後年的各首士幾乎未曾異動。

由斗首名單中得知，實際統籌醮典事務與祭典所需經費者，爲總理醮事，並由鄉長或鄉代表會主席與各代表共同籌辦醮局事務。而四大柱、爐主、頭家、各斗首與協辦醮事等部分，多數爲商行、公司、各里里長代表與公號負責。因此醮局與搶孤活動所需經費，皆由所有柱首共同分擔或籌措，總理醮事亦爲分擔經費單位。〔註44〕

（三）1948 年（民國 37 年）的中元祭典事務及工作人員配置表：

爐主：	周阿樹	三官首：	福成村爐主眾信士
頭家：	周成行	天官首：	港口、外澳眾信士
主會：	武營里	地官首：	嚴發成
主醮：	城南里	水宮首：	林合成（代表者林其才）
主壇：	新建里	仁官首：	玉豐股份有限公司
主普：	八大庄代表頭城鎮漁會	總官首：	莊義興（代表者莊正傳）
副會首：	盛興行	觀音首：	台灣石粉股份有限公司
協會首：	協裕行	大士首：	廟公陳兩儀
都會首：	新協豐	水燈首：	大坑罟眾信士、代表
讚會首：	勝豐行	發表首：	拔雅林村眾信士
副會：	奇立丹林合興	燈篙首：	頭城運送公司
總理醮事：	代表會主席林朝宗	合境首：	眾漁戶代表游坤成
辦理醮事：	盧續祥	平安首：	林天送

〔註43〕本表原載於邱彥貴，林正芳，〈祭典篇〉收錄於《頭城搶孤民俗保存與文化創意產業結合之研究》（宜蘭縣：蘭陽技術學院 2008 年 09 月 30 日），頁 70。依中元祭典委員會〈民國卅六年中元祭典首士人名冊〉加以補充。

〔註44〕邱彥貴，林正芳，〈祭典篇〉收錄於《頭城搶孤民俗保存與文化創意產業結合之研究》（宜蘭縣：蘭陽技術學院 2008 年 09 月 30 日），頁 67。

協理醮事：	鎮合作社主席林錫虎 頭城漁業生產合作社 石城漁業生產合作社	合會首	新益社代表劉阿欉
		添丁首：	林隆發
		進財首：	郭進成
		植福首：	陳源珍
		迎祥首：	邱來旺
		祈安首：	義恒裕
		誠敬首：	呂木全
		豐年首：	穗豐行

〔註45〕

綜觀 1946、1947、1948 年三年的組織架構及人事：

1. 四大柱：除主普由鄉公所或農漁會擔任外，主會、主醮、主壇為武營、城南、新興（新建）與城北、城東、城西，隔年相互輪值。

2. 1947、1948 年斗首則增設祈安首與誠敬首，以分攤祭典所需龐大經費。

3. 在爐主部分：1946 年祭典爐主由林碧水、林時盈所擔任。1947 年由吳文才擔任（對照卅六年中元祭典手士人名冊，可能以由商行籌備或提供經費開銷，油印本中已經改代表人或負責人為吳郭義元。）。1948 年則由周阿樹擔任。

4. 1948 年的都會首改為新協興行、讚會首更改為勝豐行。

5. 而 1948 年所擔任爐主的周阿樹，1946 與 1947 年祭典時擔任頭家，彼亦屬於商號或家族公號。〔註46〕

二、主辦單位由官方承辦

（一）日治時期由民間團體辦理，專賣局贊助。

1923 年首度出現頭城搶孤後，因著鐵道交通的建設以及陸路自動車的行駛，促使頭城搶孤的氣氛熱絡起來。到了 1934 年（昭和 9 年）9 月 5 日的《台灣日日新報》以「頭圍中元搶孤及諸行事」為標題的報導，甚至於批露有關於酒類煙草食鹽專賣組合贊助的部份；同年 9 月 11 日「宜蘭近信」欄內「頭

〔註45〕 本表原載於邱彥貴，林正芳，〈祭典篇〉收錄於《頭城搶孤民俗保存與文化創意產業結合之研究》（宜蘭縣：蘭陽技術學院 2008 年 09 月 30 日），頁 71。※依中元祭典委員會〈民國卅七年中元祭典首士人名冊〉加以補充。

〔註46〕 邱彥貴、林正芳，〈祭典篇〉收錄於《頭城搶孤民俗保存與文化創意產業結合之研究》（國立台灣藝術總處籌備處 2008 年 09 月 30 日），頁 69～71。

圍搶孤」為題，又有如下有關於酒類煙草食鹽專賣組合的報導：

> 「…頭圍庄下酒類煙草食鹽小賣人組合，主催專賣品宣傳。是夜森
> 永所長，外職員及專賣關係者各小賣人等百二十餘名，各執小旗或
> 燈，齊集寺前，由樂隊前導，巡繞街衢，燈數六百餘盞。……十一
> 時搶孤告終後，由小賣人組合，對於搶孤入選者，分贈專賣品。一
> 等陳清泉、二等林阿枝、三等陳天賜云。」。

頭城搶孤自 1930 年以降，每舉辦一次，氣氛就愈熱一次。媒體的報導專賣局人員的介入，背後是否有日本統治當局的影子？是以何種角色介入、以及介入頭城的搶孤活動到底有多深？我們尚不能得知。因為專賣利益在日治時期的殖民地政府的稅收中，佔有一定比例很重要的來源，所以我們推測日本殖民地政府是有推波助瀾的意圖。

1938 年（昭和 13 年）8 月 9 日，被取消的漢文版的《臺灣日日新報》，宣告頭城搶孤的停止辦理，在這個最後一篇有關於「盆祭を統一」的報導中，把停止搶孤歸諸於「當此秋天之際，庄上當局之前由振興會幹部協議的結果，斷然改善，決定中止全島周知的高棚競技。」究其原因，應是「抵觸了目前皇民化運動及生活改善之主旨，也違反國民節約消費、努力儲蓄的心態」。表面上看起來，是來自於頭城庄上當局的「振興會幹部協議的結果」，但是無庸置疑的是，在日治時期，促成頭城搶孤活動的蓬勃發展，乃至後來的停辦，真正的決定者應該還是背後的日本殖民地政府的政治操縱。

因之，不管如何，日治時期由頭城民間人士發起的搶孤歷史之中，在最後因皇民化運動及中日戰爭等因素而停辦之前，頭城搶孤在日治後期能夠辦得轟轟烈烈，其所得到專賣局的贊助則是不爭之事實。

（二）戰後轉由鎮民代表會執行

對照上述 1947 年及 1948 年頭城搶孤組織人事的名冊，可以發現，異動者仍是爐主與四大柱，以及少數首士。日治時期的《台灣日日新報》的報導及民俗專家片岡巖和鈴木清一郎的著作，民間團體的「爐主」及「首士」才是舉辦頭城搶孤的原動力。不過戰後此時，搶孤事務組織的領袖，已改為由頭城鎮的鎮民代表會主席林朝宗擔任。

換句話說，戰後頭城中元祭典或頭城搶孤，與戰前最大的差別即是：公部門的正式介入。或是說，即便祭典組織仍在操作，但是事務組織轉由行政部門（公所）或民意機構（代表會）主導。可能的原因是：基層公部門的出

現並開始運作。

　　因爲，1946 年的復辦搶孤，是由首任鄉長「盧纘祥的提倡」，雖未見有資料明確表示何者爲主辦單位，但可從 1947 年，中元祭典總理醮事由第二屆鄉長林才添擔任，因頭城中元祭典眞正主辦執行者，掛總理醮事，此方法至今仍然沿用。故由此項記錄推論，1946 年主辦單位亦爲鄉公所負責執行。1948 年舉辦中元祭典時，總理醮事從當時鄉長林才添轉爲第二屆代表會主席林朝宗擔任。故從這個記錄可以看出主辦權又轉由代表會負責執行。〔註47〕

　　又，我們從頭城鎮八大庄中元祭典籌備會的〈民國卅六年度以降關係書類綴〉舊檔中，發現 1945、1946 兩年，有關中元祭典連絡事項以爐主吳文才具名，行文內部；而對外則以鄉長林才添具名行文。到了 1948 年才成立了「八大庄中元祭典委員會」，正式運作。

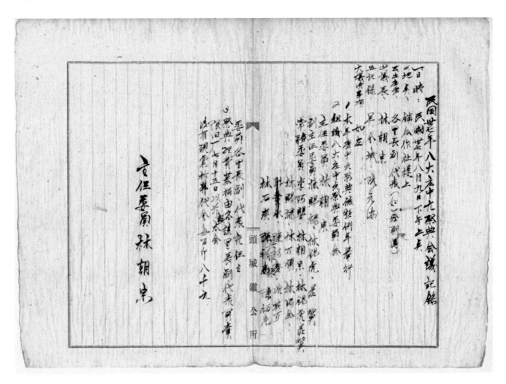

圖 4-2：1948 年（民國卅七年）八大庄中元祭典會議記錄

〔註47〕邱彥貴、林正芳〈歷史篇〉收錄於《頭城搶孤民俗保存與文化創意產業結合之研究》（宜蘭縣：蘭陽技術學運院 2008 年 09 月 30 日），頁 44。

「八大庄中元祭典委員會」，雖然於 1948 年正式運作。但是所有的往來公文仍然以印有頭城鎮公所為標頭的公文紙書寫。可見，頭城搶孤都是以頭城鎮代表會為主體所組成的「八大庄中元祭典委員會」來主辦。

1948 年成立了的「八大庄中元祭典委員會」，代表會主席為祭典委員會當然主席，祭典委員會內各委員由現任代表與里長兼任，以代表會實質來運作中元祭典單位。依時間推論，該委員會只舉辦了一次搶孤，也就是 1948 年的那一次。

1949 年當頭城鄉民代表會持續辦理戰後第四次搶孤籌備時，就接獲臺北縣政府宜署上述來文告知代表會停止辦理，其收文單位是頭城鎮代表會，因此證明頭城鎮代表會是實際承辦活動的機構，殆無疑議。

三、祭祀內涵的改變

游謙（1995）認為社會的變遷仍是影響宜蘭民間信仰最大的演變因素。1796 年，吳沙率領他的流民歸附者的後裔千餘人入墾蘭陽。首先，他們在烏石港南方築土圈（即今之頭城）佔領墾地；但與噶瑪蘭人的戰鬥激烈，死傷枕藉。第二年 1797，噶瑪蘭流行一次「滅族式」的傳染痘病，平埔住民感染甚眾，因吳沙略諳藥石，救活無數。這兩次入墾，除了無數的噶瑪蘭人死於傳染痘病和戰鬥之外，漢人也因為戰鬥與水土不服，有半數在宜蘭死亡。

當漢人在蘭陽平原逐漸安定後，為紀念雙方之蒙難孤魂，也基於民間相信人死後，若無人祭祀、橫死或冤死的話，他／她的亡魂會流連在死去的現場附近不走。待開發告一段落後，人民逐漸安居樂業，公共祭祀也逐漸形成，廟宇成了社區的中心。〔註48〕

當漢人在蘭陽平原逐漸安定後，為紀念雙方蒙難孤魂，宜蘭人對農曆七月的普度儀式就非常的慎重。再者，由於頭城是漢人入墾宜蘭的第一站，拓墾過程特別激進，漢人先民與原住民死傷格外慘重，所以，在頭城地區所舉行的普度祭典，其意義格外深遠也最為盛大。

但是，我們比較清領及日治時期的祭拜主旨，或許更能貼切地表現出 1946～1948 年（民國 35～37 年）這段期間在頭城搶孤中所散發出來的氛圍跟之前分屬兩個不同的政體之下是截然不同的。

〔註48〕 游謙、施芳瓏作，林美容編纂《宜蘭縣史系列，社會類 4 宜蘭縣民間縣信仰》（宜蘭縣：宜蘭縣政府 2004 年 07 月），頁 23～24。

（一）古昔旨在安撫孤魂

在漢人開拓的歷史過程中，因種族戰爭、天災疫病而喪命者頗多，原爲七月中元普度活動的「搶孤」，可說是「爲了安撫異域孤魂、無主之鬼，先民們乃將此種富有神秘色彩的祭祀活動引進，以表達這種人饑己饑、悲天憫人的慈悲之忱。而環繞搶孤活動的一連串祭典活動，從祝告天神、破土押煞、開蒙普施、祈安普度、淨身齋戒，誦經禮懺中，在在都表現整個漢文化的思想體系。〔註49〕

1923 年（大正 12 年）9 月 10 日的《臺灣日日新報》首度以「宜蘭郡的中元祭典，由九日起連續舉辦三天」報導頭圍搶孤中，一開始便以吳沙墾殖宜蘭的過程作爲主題，旨在緬懷先民以及當時因戰爭和疫病而犧牲的無人祭祀的孤魂。

因此，清領時期搶孤的祭典主軸，在於讓孤魂野鬼亦能飽饗一餐，也是悲天憫人，人饑己饑的慈悲心懷。而日治時期則納入了吳沙，則是緬懷吳沙及其他先人開蘭的拓荒偉業。

（二）祓禊二二八穢氣之祭

1947 年二二八槍擊事件，各種資料顯示，很多冤枉的受難者是在頭城的媽祖廟前被處決。

媽祖——這位呵護著台灣沿海漁民生計及航海安危的神明，被漁民所膜拜、所信仰的廟宇，頭城道教聖地，香火鼎盛的媽祖廟，頓時卻成爲國軍槍決二二八犧牲者的地方，包括前面所述的，前宜蘭病院院長郭章垣，前宜蘭區署警務課代理課長葉風鼓等人。

「在地人認爲廟埕有屍體，站在迷信的觀念，是不吉祥的代誌，也怕影響地方的安寧。」後來盧纘祥鄉長依鄉民請求，向軍方陳情，謂槍殺地點附近有村廟民家，必須容死者家屬收屍，否則日後恐有不靖，民心不安。軍方於是答應，夜間撤走站崗士兵，容許死者家屬趁夜認屍。〔註50〕

因爲二二八的槍擊殺人事件，一時之間頭城道教聖地的媽祖廟，此時充滿了濺血的污穢、肅殺的陰氣，所以，被除陰霾的穢氣，人們所能憑藉的就只剩下宗教儀式的力量啦！雖然戰後初年頭城搶孤仍然援前例在開成寺舉行，但是在當時極端低壓的政治氣氛及強大的軍事力量的籠罩之下，人們心

〔註49〕鄧淑慧、江寶月，林美容編著，《宜蘭縣史系列 宜蘭縣民眾生活史》（宜蘭縣：宜蘭縣政府 1997 年 12 月），頁 107。

〔註50〕沈秀華、張文義採訪記錄，《二二八噶瑪蘭——宜蘭 228 口述歷史》（台北市：自立晚報社文化出版社 1992 年 02 月），頁 27。

底的驚恐、不安、以及一時之間揮之不去的陰影，這時，人們心靈的安定、就只得寄託於神聖廟宇。而一向專爲安撫孤魂野鬼的搶孤活動，也正是適時被除穢氣、安撫人心的祭祀。

四、祈求戰後的國泰民安

　　戰後初期的搶孤活動，因爲跨越日本與國民政府兩個不同的政權。時間點也橫跨二十世紀第二次世界大戰中到終戰。雖然第二次世界大戰，宜蘭的頭城地區，並沒有因爲戰爭而直接遭受到大肆破壞，但是戰後的種種災禍，卻接踵而來，如：暴風雨侵襲的天災、二二八的人禍、霍亂病菌的復萌、農作物的稻作病蟲害、以及幣制貶值幾近崩盤瓦解的危機。在在都令人民處於跟戰前極端不同的境地。

　　回顧日治昔時，每辦一次搶孤，再加上當時可以來「湊熱鬧」的各種有利的因素，如：交通、攝影、廣告、觀光等，頭城的氣氛就愈熱騰一次。但是時序終戰之初，搶孤的意義就只能成了祈求國泰民安了。

第四節　1949年停辦背景

　　台灣在渡過了1945年（民國34年）第二次世界大戰的終戰，日本戰敗退出台灣，而國民黨的中華民國國軍進駐台灣，實質接收而產生的國家及政權的更迭後，不到一年半，旋即於1946年就發生二二八事件。但是國民黨在中國大陸兵敗，軍事及政治情況愈形嚴酷。由於中國大陸的情勢，也促使台灣也隨之陷於動盪與飄搖之中。

　　後來於1949年05月19日在台灣的國民政府頒布戒嚴令。〔註51〕台灣全國宣佈「戒嚴」進入了「動員勘亂時期」，接著1950年代的「白色恐怖」〔註52〕，

〔註51〕於1949年（民國38年）5月19日國民政府由中華民國台灣省政府主席兼台灣省警備總司令陳誠頒布的戒嚴令，內容爲宣告自同年05月20日零時起在台灣省全境（當時包含台灣本島、澎湖群島及其它附屬島嶼）實施戒嚴，至1987年（民國76年）7月13日由蔣經國宣佈解嚴爲止，共持續了38年又56天之久，據知這是目前爲止全世界施行時間第二長的戒嚴（僅次於福建省金門縣與連江縣的戒嚴）。

〔註52〕依蔡其達，〈「白色恐怖」題解〉（中國論壇31卷9期1991年06月），頁66。解釋「白色恐怖」的原始典故，來源於法國大革命時期，以羅伯斯比（Maximilien Roberspierre）爲主導的雅各賓激進黨人被推翻之後，復辟的資產階級份子自1795年起展開的報復行動，由於前期的恐怖政治亦稱紅色恐怖，因此資產階級的報復行動遂被稱爲白色恐怖。而台灣五０年代的「白色恐怖」指的是，1949年（民國38年）06月21日，流亡到台灣的國民黨政府，從這一天開始「懲治

著實讓台灣維持了戰後長達 38 年，也就是全世界最長的戒嚴。

一、二二八事件後的加強管制

　　二二八事件發生後，台灣社會呈現緊張狀態，國民政府為了避免民眾聚集，竟然下令全面禁止民間演戲，為時長達一年餘。因此，甚至以除煞為主要目的的宜蘭傀儡戲在此時也被禁止。

　　二二八事件後至六、七十年代，政府對民間信仰的管制政策大致有以下這些情形：

（一）要求地方政府取締寺廟有下列情況者：1. 附會宗教，實無崇拜價值者，2. 意圖藉神斂財，或祕密供奉，開堂惑眾者，3. 類似依草附木，牛鬼蛇神者，4. 根據齊東野語，碑宮小說，世俗傳語，毫無事跡可查者。

（二）寺廟乩童，如有：詐欺取財、以藥物傷害人之身體、從事醫療事業等犯罪行為，則移送地方法院偵辦。

（三）民間舉行祭典，嚴格規定每年統一舉行一次，演劇也以三日為限，並勸導勿大肆宴客，嚴格取締神棍斂財，地方政府若未認真監督，主管及主辦人員要受嚴厲處罰。

（四）每年農曆 2、3 月間，民間組團到媽祖廟進香，地方政府應勸導勿組團進香，或只推派寺廟管理人及少數信徒代表前往，以實行節約，改善民俗。〔註53〕

二、1949 年 5 月 20 日台灣全省戒嚴

　　雖然，根據中華民國的憲法第二章明文規定人民之權利義務，共有 18 條之多，看似對人權已有相當的保障；1947 年 01 月 01 日國民政府公佈「憲法實施之準備程序」，〔註54〕於 1947 年 12 月 25 日已開始實施憲政。

　　　　叛亂條例」及「肅清匪諜條例」，以重罰重刑，動輒以二條一「唯一死刑犯」，對有匪諜嫌疑或共產思想的人，拘捕迫害。參考遠流台灣館編，《台灣史小事典》（台北：遠流出版社股份有限公司 2000 年 09 月 10 日），頁 168～169。

〔註53〕游謙、施芳瓏作，林美容編纂《宜蘭縣史系列，社會類 4　宜蘭縣民間縣信仰》（宜蘭縣：宜蘭縣政府 2004 年 07 月），頁 17。

〔註54〕洪淑華，《台灣戒嚴時期大法官解釋與人權發展》（台北市：國立政治大學歷史研究所碩士論文 2003 年 12 月）頁 3，轉引自國民政府文官印鑄局，《中華民國國民政府公報》207，第 2751 號，頁 12。

不過隨著中國大陸的情勢逆轉，1948 年 12 月 10 日蔣介石只能宣佈全國戒嚴，但台灣、新疆、西藏等地除外。但是 1949 年 5 月 19 日當時陳誠當省主席下的台灣省警備總司令部公佈台灣地區戒嚴令，宣告翌日起全省戒嚴。〔註55〕

根據「戒嚴法」第 11 條，授予戒嚴地區內的最高司令官的權限有：

（1）得停止集會、結社及遊行請願，並取締言論、講學、報章雜誌、圖書。

（2）得解散集會、結社及遊行、請願。

（3）禁止罷市、罷工、罷課、罷業，並得強制其恢復原狀。

（4）拆閱、扣留或沒收郵信電報。

（5）檢查交通工具及旅客。

（6）限制或禁止宗教活動。

（7）不得已時，得破壞人民的不動產。

（8）檢查、禁運或徵收民糧或其他資源。

台灣進入戒嚴狀態半年後，國民政府就全面退守台灣，此後立法院並未制定任何冠上「戒嚴時期」的法律，戒嚴時期政府對人民權利的限制，主要是根據台灣省警備司令部、台灣省保安司令部、國防部等行政機關頒佈的行政命令，就憑著這些沒有法律基礎、但卻足以限制或剝奪人民基本權利與自由的命令在台灣施行長達 38 年的戒嚴，直到 1987 年（民國 76 年）7 月 15 日零時解嚴爲止。〔註56〕

台灣全國宣佈「戒嚴」後，台灣進入「動員勘亂時期」，接著是 1950 年代的「白色恐怖」。頭城小鎮在歷經上述戰後國家政體的改變，回顧昔時，在風聲鶴唳發生二二八的 1947 年以及 1948、1949 連續三年，仍然照舊例舉行搶孤，殊屬難得。也幸而有此階段的舉行，才能於 1991 年（民國 80 年）以後得以讓地方人士有再復辦的動機及唱議。

三、1949 年命令停辦

1949 年（民國 38 年）七月，正當頭城中元祭典委員會準備終戰後第四次的搶孤時，當時的台北縣政府宜蘭區署來文表示：

〔註55〕《中央日報》民國 38 年 05 月 19 日，第三版；民國 38 年 05 月 20 日第二版。
〔註56〕林正芳總編纂，《宜蘭市志 大事志（上）》（宜蘭縣：宜蘭市公所 2003 年 11月），頁 282～283。

查迎神賽會迭經層峰明令禁止項，查該頭城鎮每年古曆七月搭台搶孤，至極危險，祭祀鬼神，家家戶戶耗費至鉅，際茲戒嚴期間，前項集會關係治安，尤應徹底禁止，除分電外，合行電仰該會勸導制止爲要。

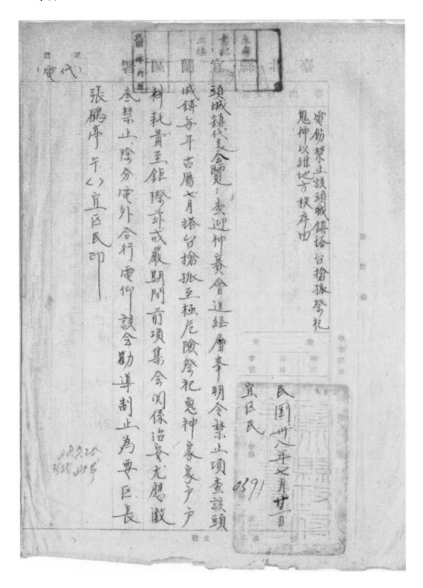

圖 4-3：1949 年（民國 38 年）07 月 21 日，台北縣政府宜蘭區署，宜區民字第 0591 號（代電），〈電飭禁止頭城鎮搭台搶孤祭祀神鬼以維地方秩序由〉公文，存於〈民國卅六年度以降關係書類綴〉檔案。

四、頭城鎮公所的配合

頭城中元祭典委員會因而隨即在 1949 年（民國 38 年）8 月 3 日開會，議決通過，停辦搶孤。由這份文件證明搶孤的停辦，並非如坊間流傳的，是由於受傷事件，而是來自上級政府的明令禁止，不想一停就是四十三年。

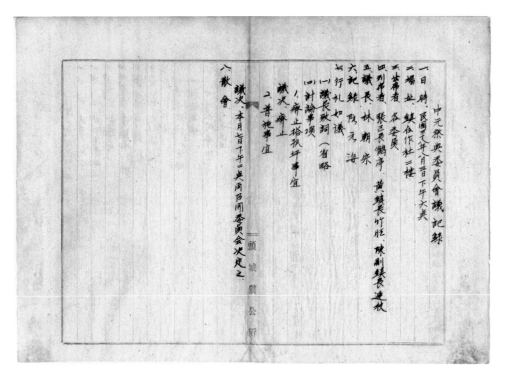

圖 4-4：頭城中元祭典委員 1949 年 8 月 3 日議決通過停辦搶孤公文

因此，頭城八大庄中元祭典委員會在此後的年度中，舉凡中元祭祀活動的演戲還是必須要向有關機關申請。當然，搶孤仍然是在禁止之類。

除此之外，宜蘭縣的頭人，盧纘祥於 1951 年（民國 40 年）04 月，當選宜蘭縣首任民選縣長，任內政績卓著。但是由於台灣當時時空的轉變，戰後又歷經多事之秋，再加上實施戒嚴，白色恐怖的陰影，因此，社會上普遍呈現極度低壓的政治氣氛。因此，頭城小鎮每年的中原祭典也必須配合中央的政策。

擔任縣長的第二年的 1952 年（民國 41 年），以宜蘭縣大家長的身份，對每年的中元普度發表了告全縣父老同胞書。全文如下：

「全縣父老兄弟姐妹們：

今年的農曆七月普渡又要到了，我願意趁大家正在準備如何來慶讚中元的時候，提出一點意見，來勸勉大家。

本來人民對於信仰的自由法律是有規定的，七月普渡原也是人民的一種信仰行為，當然會得到政府的保障，但是信仰是一回事，習俗又是一回事，習俗有不合理的地方，那就應該矯正了！

大家都知道，現在我們的國家正和蘇俄帝國主義和賣國的共匪漢奸搏鬥，為了要挽救國家的危亡爭取反共抗俄的最後勝利，所以總統在今年的元旦文告中發出總動員號召，所謂總動員就是要集中所有精神與物質的力量來配合反共抗俄的需要，在總動員號召中社會改造運動是其中重要項目之一，那麼矯正民間浪費習俗養成節約儉樸風氣又是社會改造運動的重要課題。

我知道本縣的同胞都有克勤克儉節衣省食的美德，可是七月普渡卻是民間最大的浪費，有錢的人固然以客多為榮揮金如土，也有許多窮人竟典當衣物變賣財產來苦撐門面，終年辛勞所積竟悉數消費於一日，實在不是今日應有的現象。

我認為七月普渡浪費之最大原因莫過於舉行次數太多，甲拜請乙乙拜請丙一個月卅天，天天有拜拜因此輪流作客所費就非常驚人了，因此省府及本縣為矯正民俗，故規定從減少拜拜次數著手，普渡既係同一性質就應該同一天舉行，對信仰既無影響又減輕大家對拜拜的負擔，另外對於屠宰牲畜也是非常浪費的事，本來對於敬拜神明祇要出於至誠不重形式，我要求大家對不必要之舖張務求節省。

縣政府為此特派員分赴各鄉鎮市召開座談會研討改進，在今天國家多難人民貧困之秋，以這一個保持國家元氣減輕民眾負擔養成良好風氣的行動來響應總統總動員的號召，大家一定很願意接受的。

盧纘祥啓

七月十五日」〔註57〕

因此，打從 1949 年停辦的頭城搶孤以來，又經首任縣長盧纘祥於 1952

〔註57〕盧纘祥告全縣父老同胞書存於頭城鎮中元祭典委員會〈民國卅六年度以降關係書類級〉檔案。

年上述的告全縣父老同胞書發表後，呼籲勵行節約，一直到 1991 年二度復辦
止，前後相距 43 年漫長的歲月中，都是停留於只祭拜而不搶孤的狀態。

第五節　小結

　　過去四百年台灣人的歷史，都是在異族統治之下渡過。因此，在台灣人
的心理當中，對於原居地的中原，往往有糾纏不清的「原鄉」或是「祖國」
情節。1945 年 08 月 15 日的日本戰敗投降，台灣光復而重新歸屬中國。終戰
之初，過去在日本的高壓統治下的許多台灣人，很自然地便將希望與感情寄
託於對岸的原鄉「祖國」，因此掀起一片「祖國熱」。

　　國民政府接收台灣之際，台灣人興高采烈地歡呼台灣回歸祖國，熱烈地
迎接中央軍登陸台灣，學習國語（北京話）蔚爲風氣，一時之間狂熱的氣氛
瀰漫了台灣全省每個角落。戴國煇認爲這時在台灣民眾心理，所燃燒起的是
「一種喪失或迷失已久的戀母情結，因爲飽嘗被丟棄的失母情結之痛苦」。當
時，以丘念台和林獻堂兩先生爲核心組成「台灣光復致敬團」到南京去見國
民政府首腦，以感謝祖國光復台灣之功績，他們還到陝西去遙拜黃帝陵，以
表明炎黃子孫的赤子之心。〔註 58〕就連頭城鄉也由盧纘祥任會長，林才添爲
副會長，組織了「台灣光復同慶會」，在各路口及火車站前搭建牌樓，家家戶
戶張燈結綵，並演戲助興。〔註 59〕

　　台籍人士，在一片「祖國熱」當中，最後終於掉進了「戀母情結的一廂
情願」之中。但是經過接收而成立之台灣省行政長官公署沒有藉光復的歷史
良機，將台灣民眾的戀母情結創造性地開導促使其昇華，使其變成肯定、陽
性、正面的以及健康的自我同定。陳儀的長官公署甚至在制度上也都沒有擺
脫日本殖民統治體制的窠臼。如果這種轉變成功的話，台灣民眾在這之後鬱
結的「台灣結」就不至於走向如此反面，「台灣歷史情結→台灣情結」就很可
能會健康地、成熟地和「中國結」聯在一起，從而昇華並建構起更大格局的
自我同定和正面且具有更富普遍性的新架構之自我同定。加上「二二八」事
變之發生，人們的祖國熱一下子跌入冰窟之中。他們對大陸人士的心態經歷

〔註 58〕戴國煇，《台灣結與中國結——睪丸理論與自立共生的構圖》（台北市：遠流
　　　　出版事業股份有限公司 1994 年 05 月 16 日），頁 24～25。
〔註 59〕沈秀華、張文義採訪記錄，《二二八噶瑪蘭——宜蘭 228 口述歷史》，頁 2。

了「期待→失望→懷疑→不滿→委屈→反抗」的痛苦歷程，自我同定的糾葛及危機非但沒有能夠解開轉化，反而向另一個極端滑落並沉澱於深層心理，且不斷地累積下去。〔註60〕

二次大戰終戰初，頭城人士在滿懷「祖國的情節」，企圖恢復祭祀渡台先民遇難、冤死等等的孤魂野鬼的心意。孰料，日本殖民地政權退出台灣，政權剛易幟之初，頭城於 1946 年首度復辦搶孤後，未滿半年旋即就有二二八事件的發生。

事隔沒幾年，1949 年末到 1950 年代的前半又有「政治肅清」。台灣人的怒氣不但沒有來得及安撫，更累積了新的冤魂。當時經濟尚未上軌道，國民黨正準備由上而下實施農地改革，台灣全省籠罩在風聲鶴唳、極端緊張的政治空氣下，台籍人士窒礙難耐的鬱積心態更累積成「怨恨」。〔註61〕

因此，打從二二八事件後，到後來的「白色恐怖」、其後又實施長達卅八年的「戒嚴」，台灣人民的「祖國熱」及「戀母情節」於焉破滅。

然而，長期戒嚴的這段時間卻是台灣的經濟發展的黃金時期，中產階級興起。等到 1987 年解嚴之後，由於台灣走向民主政治之途中，宜蘭縣政治版圖也起了變化，代之而起的是，本土勢力的崛起，很多因素也就直接或間接地催化了 1991 年的頭城搶孤得以二度復辦。

〔註60〕戴國煇，《台灣結與中國結——睪丸理論與自立共生的構圖》，頁 26。
〔註61〕戴國煇，《台灣結與中國結——睪丸理論與自立共生的構圖》，頁 26。

第五章　1991年二度復辦內涵大幅改變

1991年（民國80年）沉寂了43年的頭城搶孤卻出乎大眾的意料之外有了一個奇蹟似的轉折而再度復辦。此次的二度復辦，成功的演出，不僅大大地打出頭城搶孤的名號，也使之延續至今。

第一節　二度復辦的因素

促成二度復辦有其外在的政治及地方的兩大因素，我們試著從當時的時空背景來作探討：

一、政治版圖改變

宜蘭縣自1950年（民國39年）設縣，並於次年民國40年舉辦首屆縣長選舉，至今天已辦理過十六屆縣長選舉。

從1951年至1980年間，前後40年間的八屆縣長選舉，當選人均為國民黨候選人。

但是1981年（民國70年）是宜蘭縣選舉史上的一大轉捩點。自1981年起至2005年接連六屆（第九屆至第十四屆）的二十四年，皆由非國民黨候選人當選，依次是：1981～1989年（第九、第十屆）的陳定南、1989～1997年（第十一、十二屆）的游錫堃及1997～2005年（第十三、第十四屆）的劉守成。他們分別各連任兩屆縣長。

2005年（民國94年）第十五屆縣長選舉，雖一度由國民黨籍的呂國華打敗陳定南贏得縣長選舉，[註1] 但是最近的一次於2009年（民國98年）的第

〔註1〕　宜蘭縣政府編，《宜蘭縣統計要覽第58期》（宜蘭縣；宜蘭縣政府2005年），頁104。

十六屆縣長選舉又由民進黨的林聰賢擊敗國民黨的呂國華贏得縣長寶座。

因此，從 1981 年到現在總共二十九年間，除了 2005～2009 年的四年，其餘二十四年的時間都是由黨外或民進黨（非國民黨籍）的縣長執政。所以，非國民黨籍的縣長，長期在宜蘭縣的執政，著實影響了宜縣民的生活至深，這是無庸置疑的事實。而非國民黨籍的縣長都是標榜本土草根性的氣息，對於本土事物著墨也較深。頭城搶孤能夠在 1991 年的復辦，一般咸信本土性的地方首長之協調也發揮了功能。

二、戒嚴的解除

1949 年（民國 38 年）的國共內戰，潰敗的國民黨中央政府遷臺以後施行長期的戒嚴統治，加以〈動員戡亂時期臨時條款〉凍結了憲法所保障的部分民主政治的內涵，〈國家總動員法〉也約束了憲法所賦予人民的部分權利。因此，戰後四十年來臺灣的民主發展，深受客觀環境的限制，未能積極推動。

1951 年（民國 40 年）起，臺灣雖然已正式實行地方自治，省及直轄市亦成立省市議會，不過，這只是侷限於地方層級的「有限民主」。1960 年代是台灣經濟快速起飛時期，持續的經濟發展對於都市化、工業化、家庭結構均有高度的影響。誠如田弘茂對臺灣發展經驗的研究指出：「工業化和高速經濟成長帶來的影響，是社會體系中的公民及結構發生變遷。」〔註2〕

最後終於在 1987 年（民國 76 年）7 月 01 日，由當時任職總統的蔣經國宣告台澎金馬地區自 7 月 15 日零晨起解嚴。因此，戰後國民黨政府在台灣實施長達 38 年的政治禁錮的戒嚴終於解除，此後的台灣，更邁入一個新的里程碑，也正式開啟自由化的一連串改革。無論從政治制度、政治參與、社群競爭，乃至政治文化，都有大幅的轉變。〔註3〕

這變化在社會結構上最顯著的特徵是中產階級興起及民間社團的崛起。〔註4〕政治上的解嚴，連帶地很多昔時的禁忌也一併解放。也正因爲中產階級興起及民間社團的崛起，乃有頭城搶孤二度復辦的唱議。詳情如下。

〔註2〕 Tien Hung-Mao, "Liberalization and Democratization: Taiwan's Development Expiriance", in Conference on Democratization in the Republic of China, Taipei: Jan. 9-11, 1989, Vol.11, p.4.
〔註3〕 羅天人，〈中華民國宣佈解嚴政策探討──決策理論分析〉（近代中國 124 期 1998 年 04 月），頁 139。
〔註4〕 羅天人，〈中華民國宣佈解嚴政策探討──決策理論分析〉，頁 143。

三、開蘭 195 週年

1991 年距 1796 年（清嘉慶元年）吳沙入墾噶瑪蘭，進駐頭圍烏石港正好滿 195 年，同時也是中華民國開國 80 周年，因此宜蘭縣政府特別舉辦「紀念開蘭一九五週年系列活動」。當時的縣長游錫堃本身就是屬於比較本土草根性人物，趁此之便就向當時的鎮民代表會主席徵詢復辦的可能性，其目的意欲喚起停辦 43 年，在宜蘭開發史上的這個讓宜蘭縣民曾經擁有過的歷史情懷及共同記憶的頭城搶孤這個民俗活動。

宜蘭縣政府透過民政局禮俗文獻課要來推動頭城搶孤活動，一開始本來不是很順利。約在 1991 年 3 月，首先邀請省文獻會、頭城鎮公所、頭城地道教會、寺廟主持人與地方耆老等座談，卻不料彼時地方人士以「在宗教的意義上，四十多年來沒辦搶孤，頭城倒也平靜，難料復辦後對頭城的影響是福是禍」為由，並不同意復辦。當時的鎮公所則以「節約拜拜」為由，亦不同意。於是該次會議否決了復辦之說。〔註5〕

根據《續修頭城鎮志》對於此次搶孤復辦的的轉折過程，則有如下的記載：

> 「縣政府的提議見諸報端，引起地方人士的討論，他們認為，搶孤除了包含爐主、主會、主醮、主壇等外，還有多達二十餘個不同的燈首組織、一系列的宗教科儀更要動員全鎮民配合的的祭典活動，匆促幾個月的時間籌辦，能舉辦成功的機會少之又少。而搶孤臨時急就章舉辦，要解決安全、場地、交通、經費等問題是會相當困難的。何況現今復辦，能不能再吸引人潮是個未知數，舉辦的經費龐大，在推行節約，唱導移風易俗的政策下，實在是不宜復辦搶孤，萬一造成地方的不安寧時，將由誰來負責？為了舉辦搶孤活動商議增加祭典法儀活動，地方人士恢復了由代表、里長與農漁會組成的「頭城中元祭典委員會」，共商搶孤祭典的復辦方式。」〔註6〕

〔註5〕 劉昭吟，《從祭典到觀光：頭城搶孤中的社區菁英、民俗信仰與觀光規劃》（台北市：國立台灣大學建築與城鄉研究所碩士論文　第四章祭委會的動員機制 1994 年 01 月），頁 4～2。

〔註6〕 林正芳編纂《續修頭城鎮志（下）》（宜蘭縣：宜蘭縣頭城鎮公所 2002 年），頁 522。引自陳柏洲，《搶孤的小鎮──頭城》（南投：臺灣省政府教育廳 1997年），頁 11～12。

　　但是出乎預料之外，原本各界反對復辦搶孤的意見，卻在頭城中元祭典委員會首次會議中受到熱烈討論，最後決定復辦，委員不但決定復辦，還由「頭城中元祭典委員會」接辦，全體主導整個搶孤活動。〔註7〕

四、頭城青商會的催化

　　由於 1987 年（民國 76 年）台灣的解嚴，在社會結構上起了變化，最顯著的特徵是中產階級的興起及民間社團的崛起。民間社團崛起，其成員的一些中產階級的較年青的會員，頓時也活躍起來。這時候的頭城青商會，爲了頭城搶孤的二度復辦，此時此刻，扮演了臨門性一腳的催化作用。

　　根據我們訪問當年頭城青商會的會長黃添進的田野調查得知，頭城青商會的一批地方子弟早就有復辦搶孤的構想，與主導活動的縣政府洽談多次。因爲場地問題，一時之間得不到縣政府的協助，而躊躇不前。陳柏洲的《搶孤的小鎮—頭城》一書中有寫到，「頭城地方人士湧來的反對聲浪超乎想像之外」，「原本不擬舉辦搶孤祭典的頭城青商會，在這一波反對聲浪下，仍然堅定復辦搶孤的意圖」。〔註8〕

　　下面引述劉昭吟在其論文中的資料，加以整理並拼湊出整個事情演變的來龍去脈：

　　　　「於是青商會就提出一個復辦的企畫案，意圖將搶孤當作民俗體育來辦理，而不欲處理其宗教的部份，隨即復辦搶孤的議題就在地方上喧騰了起來。

　　　　青商會的舉動引發頭城中元祭典委員會的不滿，頭城中元祭典祭委會力主搶孤只是整個中元祭典的一部份，反對青商會捨棄祭典而只辦搶孤的方案，認爲如此恐怕會爲地方帶來災難。於是頭城中元祭典祭委會召開內部會議討論復辦案，投票表決通過。據說當天的表決，只有二種票：「贊成票與空白票」，據說投空白票者是唯恐投下反對票會遭致「老大公」的懲罰。

　　　　青商會與頭城中元祭委會召開協調會，提議分工的方式，由祭委會負責中元祭典的辦理，由頭城青商會負責搶孤活動。縣府派員協調，雙方逐漸鬧得很不愉快。最後，頭城青商會憤而揚言要在宜

〔註7〕 陳柏洲，《搶孤的小鎮——頭城》（南投：臺灣省政府教育廳 1997 年），頁 12。
〔註8〕 陳柏洲，《搶孤的小鎮——頭城》，頁 12。

蘭運動公園辦搶孤，頭城中元祭典委會在「輸人不輸陣」的情緒下
宣告主辦搶孤。」〔註9〕

　　事情演變到最後仍然是頭城中元祭典委員會來承辦，最後青商會是沒有
直接的參與，但是在「紀念開蘭一九五週年系列活動」之際，雖有游錫堃本
土草根性色彩的縣長想到久違43年的搶孤，但是假如沒有頭城青商會這一批
年青子弟的旁敲側擊，喧嚷一番，是否能夠二度復辦尚屬未知之數。無論如
何，頭城青商會在那個時間點上所扮演的催化作用，也正是在最適當的時候
作了最正確的事。

五、其他原因

　　鄒濬智綜合游謙的〈頭城搶孤的歷史與演變〉的論文，歸納了在 1991 年
恢復停辦了四十二年的搶孤活動，的原因：

（一）一般七月普渡的靜態宗教儀式，無法滿足具激烈性格之宜蘭人的
　　　強烈需求。

（二）宜蘭人的「我群觀念」很強，這培養出一種宜蘭人尊重傳統的集
　　　體意識。

（三）蘭陽子弟為延續傳統優良的文化開始回歸家園，以「文化立縣」
　　　為目標。

（四）1985 年舊的《頭城鎮志》撰畢。鎮民翻讀頭城搶孤記載時，十分
　　　懷念。〔註10〕

第二節　二度復辦的內在意涵

一、成為全國性層次的主題

　　就此次宜蘭頭城二度恢復舉辦搶孤活動這個主題來說，依國策中心林本
炫的看法，可以從兩個方面來討論：

〔註9〕　劉昭吟，《從祭典到觀光：頭城搶孤中的社區菁英、民俗信仰與觀光規劃》，
　　　　頁4～2。

〔註10〕鄒濬智，〈宜蘭頭城搶孤儀式的意義及演變〉（台灣源流第 31 期 2005 年 06 月），
　　　　頁116～117。引用綜合歸納自游謙的〈頭城搶孤的歷史與演變〉收錄於《寺
　　　　廟與民間文化研討會論文集》（台北市：行政院文化建設委員會 1995 年 03
　　　　月），頁506～528。

（一）就宜蘭縣本身的地方層次而言：

宜蘭縣恢復二度舉辦「搶孤」活動是有脈絡可尋的。宜蘭縣的縣政建設向來獨樹一幟具有特色，強調鄉土文化的保存與發展觀光建設，因此在靜態的硬體建設之外，要在宜蘭縣的鄉土文化項目中尋找出一項具有代表性的祭典或活動，向外標舉成爲宜蘭縣之地方文化特色，乃是一必然之趨勢。

（二）第二就全國性的層次來討論：

就近年來的整體發展趨勢而言，隨著台灣經濟的快速成長，民眾的休閒機會與設施相形不足，在中央政府大力提倡增加休閒機會之下有一種結合古蹟與休閒，甚或宗教、民俗與休閒的休閒消費型態便應運而生。基本上林本炫認爲宜蘭縣恢復舉辦「搶孤」活動也不脫這一全國性的脈絡而產生。〔註11〕

頭城搶孤固然只是宜蘭縣境內頭城小鎮一年一度的中元祭典活動，戰後在低壓的政治氣氛下渡過，後又遭受禁止舉辦長達 43 年之久。在 1991 年二度復辦時，據聞湧入「十萬人潮，觀看搶孤，熱鬧滾滾」。〔註12〕姑不論，是否眞的有如此眾多的觀眾像潮水般地同時湧入頭城小鎮，但當年當時，引起交通阻塞，車流不行則爲事實。二度復辦的頭城搶孤從此已然成爲台灣搶孤界的象徵了。

二、綠色執政

宜蘭平原僻居台灣東北角，東臨太平洋，其餘三面都是高聳的雪山山脈和中央山脈。太平洋和崇山峻嶺共同築起的天然藩籬間，形勢隔絕，地理上自然形成一個跟外界不同的體系，因此被稱爲「山後」。「山後」指的是以西部平原地區爲中心的「山前」，相對於中央山脈的另一側，也就是 1841 年（道光 21 年）台灣道姚瑩所說明的：「山後略短，南北不及千里」之處〔註13〕。

這個以台灣西部平原爲中心的空間觀點，說明了宜蘭平原從前清時期以降在台灣地理空間位置及政治經濟角色的邊緣性格。一直到戰後台灣經濟開發過程（1990 以前）宜蘭平原的角色在國家偏重西部開發政策下，仍未改變，

〔註11〕林本炫，〈對宗教民俗與觀光休閒結合的一些看法〉載於《頭城搶孤座談會會議手冊》（宜蘭縣：頭城鎮中元祭典委員會 1992 年 01 月），頁 41。

〔註12〕陳柏州，《中央日報》1991 年 09 月 09 日第四版報導。

〔註13〕台灣銀行經濟研究室編，〈臺案彙錄甲集〉收錄於《台灣文獻叢刊 第三十一種》（台北市：台灣銀行 1959 年 1 月），頁 163～164。

「東部的宜蘭地區產業結構的調整，比西部乃至整個台灣，在時間上遲緩約10到20年。」〔註14〕。具有落後意義與文化想像的「山後」經驗成爲台灣住民對宜蘭空間想像的認知，一直到戰後八〇年代以前，仍是如此。

　　不過，對宜蘭空間的「山後」想像與意義指涉，在八〇年代因著「宜蘭經驗」的建構而逐漸被轉化。對宜蘭的想像，不再是「山後經驗」，取而代之的是具有濃厚政治符號意義與地方自主象徵的「宜蘭經驗」，「一則來自東部後山的現代神話」。〔註15〕

　　1981年12月20日，陳定南以黨外身份入主宜蘭縣第九任縣長後，以環保掛帥，有別於其他醉心於追求產業經濟發展的縣市，而獨自走出另外一條路：「環保立縣」。〔註16〕任內的「青天計劃」及「碧泉計劃」，反六輕的成功，冬山河的整治，宜蘭、羅東運動公園的規劃，已構成了八〇年代的「宜蘭經驗」。

三、文化立縣

　　1990年代，承繼著1980年代所建構的黨外執政與地方自主的「宜蘭經驗」，陳定南後繼者的游錫堃（1989～1997年第十一、十二屆，非國民黨籍的宜蘭縣長）更將對宜蘭的想像推向一個新的「宜蘭經驗」的建構階段，轉而指向一個具有鄉土意識認同建構的文化宜蘭想像，一個具有地域文化認同作用（local cultural identity effect）的「新宜蘭經驗」。游錫堃認爲宜蘭縣是一個農業貧窮的縣，如何利用本身豐富的人文與自然資源來發展地方，成爲課題。〔註17〕

　　因此，當中華民國要慶祝民國80年，也正逢「開蘭195年」。身爲宜蘭縣長的游錫堃自然保握機會，又適時地有上述頭城青商會會員的唱議，最後頭城搶孤終於二度復辦，不但復辦更將此最具民俗特色的活動延續至今。

〔註14〕石計生，《宜蘭縣史系列 經濟類2 宜蘭縣社會經濟發展史》（宜蘭縣：宜蘭縣政府200年12月），頁19。

〔註15〕黃國禎，〈地域計劃、文化實踐與地域國家——對九〇年代宜蘭「文化立縣」的基進思考〉（宜蘭文獻雜誌32期1998年03月），頁4。

〔註16〕廖淑容〈宜蘭文化模式的制度能力與地域鑲嵌〉（國立台南大學「人文研究學報」第42卷第1期2008年），頁42。

〔註17〕黃國禎，〈地域計劃、文化實踐與地域國家——對九〇年代宜蘭「文化立縣」的基進思考〉，頁5。

第三節　二度復辦後的變化

一、2003 年起由頭城鎮中元祭典協會接辦

　　1949 年（民國 38 年）開始，搶孤活動雖然遭禁，但是民間習俗的中元普度，每年仍得依照地方傳統繼續予以籌辦。搶孤活動停辦期間，每年農曆七月底的中元祭典，仍由「八大庄中元祭典委員會」持續辦理，這種情況一直延續到 1991 年（民國 80 年）二度復辦及其後的年度，不管有否舉辦搶孤。

　　到了 2003，有感於每年總是在祭典期間，從鎮公所或代表會借調人手幫忙，並非長久之計，同時也為了吸納更多的社會人士參與，因而在 2003 年（民國 92 年）3 月 24 日召開第一屆第一次會員代表大會，正式成立「宜蘭縣頭城鎮中元祭典協會」，成立宗旨為：

　　一、辦理中元平常祭典事宜。

　　二、辦理中元搶孤祈安清醮大典事宜。

　　三、辦理會員務及各項服務事項。

　　該會以宜蘭縣頭城鎮為組織區域，會址設於頭城鎮民代表會辦公室，設置理事會、監事會由會員（會員代表）選舉理事 9 人、監事 3 人任之。目前（2009 年）會員 44 人，主要為現任各里里長及鎮民代表。從此之後，某種程度上，頭城搶孤的辦理，又由公部門移回歸至民間。〔註 18〕

　　簡而言之，戰後先由頭城鄉公所接辦中元祭祀活動，1948 年改由頭城代表大會為主體的「八大庄中元祭典委員會」主辦，2003 年起則由新成立的「宜蘭縣頭城鎮中元祭典協會」接手辦理以迄今日。

二、祭典地區範圍擴大

　　隨著 1991 年的二度復辦，祭典區域也同時擴張，為突顯頭城搶孤為頭城鎮上共同擁有的民俗信仰活動，籌措緣金的範圍亦有所擴大。

　　由終戰初年開成寺慶讚中元祭典為主要的範圍，亦即現今外澳里以南，竹安里以北、大坑里以西，白石腳以東的範圍，擴大至港口里以北的石城、大里、大溪、龜山、合興、更新、外澳等七里。也就是除了原先的八大庄以外，另併入外澳以北，石城以南的區域。

〔註 18〕邱彥貴、林正芳，〈歷史篇〉收錄於《頭城搶孤民俗保存與文化創意產業結合之研究》（國立台灣藝術總籌備處 2008 年 9 月 30 日），頁 56～57。

八大庄為：白石腳：礁溪鄉白雲、玉石二村；二圍庄：二城里；港仔乾：中崙里；抵美簡埔：金面、金盈里；頭圍街：城東、城西、城南、城北；頭圍庄：新建、拔雅、武營、港口；大堀庄：壯圍大福；乳母寮庄：大坑里。

因為 1886 年清領時期作過丈量，1900 年、1901 年日治時期也作過行政區域與查地區域的記載。林正芳認為開成寺慶讚中元所轄祭典範圍，自港澳庄以南，大堀庄以北，大坑罟以西、白石腳以東，共十三庄街所組成的祭典範圍才符合上述清領丈量及日治查地所記載的內容。〔註 19〕但是無論如何，擴大範圍，增設斗首，將新納入的村、里作為徵收「丁、口」及協辦醮局的對象，以 1991 年為一個分界點。

三、打破昔時「人」、「鬼」的關係

自古以來，在台灣的漢人，不但祭神也祭鬼。廟寺內的宗教祭祀儀式不但敬神祈福也希冀跟鬼靈建立友好關係。「祭鬼」是漢人一種相當古老的原始宗教觀念，將原本嚴防鬼靈入侵的避祟心理，轉而成為一種祈禱鬼靈護佑的祈福態度。台灣祭鬼活動的最大特色就是將這種祈福心態充分地展現出來，淡化了對鬼靈的害怕與畏懼，反而可以與鬼靈妥協修好，獲得彼此間的信賴與交流，民眾也可以經由祭鬼的示好活動，達到消災解厄與祈安求福的信仰目的。〔註 20〕

頭城搶孤從 1949 年停辦以來，前後經過了 43 年的沉靜，到了 1981 年終於二度復辦。而二度復辦後，這種昔時宗教祭拜的「人」與「鬼」的角色及其互相之間的關係也起了微妙的變化。

瞿海源認為，若「有人說不搶孤，社會就會不安，過去四十多年不搶孤也沒事。去年搶孤，狀況比較好了嗎？也有說辦一年，餓鬼會覺得不夠，要辦三年，那麼第四年餓鬼就飽了嗎？」。這種「嚇鬼、騙鬼、和利用鬼」的習俗實際上又是「怕鬼」的心理所造成。

到了近數十年，民間信仰面臨了世俗化和理性化的衝擊，人們對神鬼的信仰已愈來愈弱。其間雖對鬼仍有幾分害怕，但也不再對傳統的陰鬼觀念那

〔註 19〕邱彥貴、林正芳，〈祭典篇〉收錄於《頭城搶孤民俗保存與文化創意產業結合之研究》（國立台灣藝術總籌備處 2008 年 9 月 30 日）頁 76～77。

〔註 20〕鄭志明，〈台灣鬼信仰文化發展的檢討與展望〉（鵝湖月刊第 22 卷 1 期 1996 年 07 月），頁 44。

麼重視。每年鬼月的儀式即使仍然是主要的宗教現象，不過也已經愈來愈具有形式的意義而己。〔註21〕

四、轉化為民俗體育觀光活動

1991 年頭城搶孤習俗又再度恢復舉行，這年，在國人面前所展現出來的鬥智、鬥力、團隊合作的新風貌，正像一顆強而有力的震撼彈，給了全國人民、宗教界以及體育界一個嶄新的印象。因為，頭城搶孤所帶來的不但是一種具有宗教色彩，同時又是兼顧體育競技的民俗活動。

「民俗體育更是一個民族在其居住的地方慢慢共同創造形成與傳承延續下來的一種身體運動文化習慣」，〔註22〕

而「搶孤活動是將祭品集中於一處，當中元祭典結束後，開放民眾爭搶祭品。此活動主要是由中元普渡儀式轉化而來的宗教民俗體育活動。」〔註23〕

搶孤主要是宗教民俗活動，極富神秘之色彩，但在整個過程中，卻具有運動競賽之特色，金湘斌雖然寫的是「恆春搶孤」，但是他引用張志堅敘述頭城搶孤這種運動的特色〔註24〕，將搶孤的特色，綜合整理並敘述如下：

1、具體能競賽

由於孤棚柱易滑難攀，攀爬至孤棚頂約需花費一小時，如有一人體力不濟，便會阻礙全隊的行進，搶孤活動簡直是一場體力與耐力的考驗競賽。因此，參賽者除了需具備勇氣、意志力、膽識外，平時的體能培養更是能否攀爬成功的一大關鍵。

2、具運動技巧

（1）體操

將若干人體動作編成有秩序的運動方式，稱為體操。搶孤活動中，最精采的部份即是以疊羅漢的方式進行，大多疊至三層，輔助頭手達成任務。

〔註21〕瞿海源，〈恢復舉辦搶孤的檢討〉載於《頭城搶孤座談會會議手冊》（宜蘭縣頭城鎮：頭城中元祭典委員會 1992 年 01 月），頁 37。

〔註22〕吳慧貞，《台灣民俗體育發展之研究 1968～2000》（台東市：國立台東師範學院教育研究所體育教學碩士論文 2002 年 8 月），頁 205。

〔註23〕金湘斌，〈從民俗體育觀點談恆春搶孤活動的過去、現在與未來〉（高雄市：國立高雄師範大學體育學系學會第 3 期 2002 年 9 月），頁 91。

〔註24〕張志堅，〈超越巔峰──頭城搶孤〉（國民體育季刊第二十四卷第三期 1995 年 9 月），頁 59～60。

（2）攀爬

攀爬是人類最主要的原始生活方式，在原始社會中，人類爲了求生存，都需仰賴身體的活動與大自然搏鬥，故在原始社會中，生活亦可稱爲體育生活。目前攀爬活動已由生活方式轉化成各式的體育競賽與宗教活動，例如：體育競賽上有：快速攀岩競賽等比賽；在宗教活動上有：搶孤、搶旗等活動。

（3）注重團隊精神

以隊爲報名方式，每隊由十二位民眾組成，每隊限攀爬一枝孤棚柱，由於孤棚柱高達13公尺，無法雙手合抱，再加上孤棚柱上塗滿牛油（一枝孤棚柱約塗上50至60台斤的牛油），非一人能力之所及，需藉著團隊分工合作，才能順利攀爬，故不強調英雄式的個人主義，符合運動競賽之崇高境界—「團隊精神」。〔註25〕

搶孤基本是屬於民俗體育活動，具有分享祭品、培養互助合作精神、團結凝聚社區意識等多重意義。重要的是在搶孤過程中，搶孤者所呈現同心協力、互助合作的團隊精神，以及參與搶孤時各鄉里居民集體參與的社區意識，令人倍感可貴。〔註26〕

金湘斌認爲，若能使本土文化向下紮根，把搶孤文化以民俗體育傳承下去，不僅能夠教育下一代認識祖先，進一步也可以發展成爲具有地方特色的民俗體育活動，以作爲社區總體營造計劃中的一部分，而擴大成爲「民俗體育文化觀光節」，使原本爲消費性的產業轉化成爲以文化消費爲主的生產性事業。

但是瞿海源對於搶孤活動轉爲民俗體育又有不同的看法，他說：「如果經客觀評估，主辦單位覺得在非宗教的立場上，搶孤是一種值得提倡的民俗體育活動，不妨再仔細規劃，有關安全與競賽規則。如果不能與宗教區隔，而又不能在宗教精神和深層意義上有所創新，頭城搶孤即使辦成了，也不見得是什麼好事。」〔註27〕

因此，1991年頭城搶孤二度復辦以來，它現今已轉化爲民俗體育觀光活動，能否再有宗教深層意義上的創作，也成爲主其事者未來最主要的課題。

〔註25〕金湘斌，〈從民俗體育觀點談恆春搶孤活動的過去、現在與未來〉，頁94～95。

〔註26〕金湘斌，〈從民俗體育觀點談恆春搶孤活動的過去、現在與未來〉，頁91～94。

〔註27〕瞿海源，〈恢復舉辦搶孤的檢討〉載於《頭城搶孤座談會會議手冊》（宜蘭縣：頭城中元祭典委員會1992年01月），頁37。

五、獨占搶孤鰲頭地位

　　頭城搶孤的二度復辦，確實在台灣社會激起不小的震憾，尤其此刻在台灣各經濟發展落後地區都企盼以觀光業來振興地方經濟的潮流下，頭城搶孤的規模無異猶如一帖強心劑，令人充滿期待與興奮。

　　迄今，頭城搶孤所展現出的，無論，難度、規模、聲望以及知名度，在台灣其他地方尚無能出其右之他者。頭城搶孤在當今所有的搶孤活動中，享有獨占鰲頭的地位，實在是當之無愧。

第六章　從神聖到世俗

　　每年舊七月的中元祭典，是台灣先民四百多年來既有的重要歲時活動之一。中元祭典儀式後的搶孤活動，從清領以來，亦斷斷續續地在台灣各地時有舉辦。然而，在宗教、文化方面所呈現出來的面相，我們試圖將在本章節作一個剖析，並將其演變過程作一個更清晰的描述。

第一節　宗教的神聖性

　　張珣以宗教史家 Micrea Eliade 的觀念，在〈進香、刈火與朝聖宗教意涵之分析〉一文中，認爲人居住並活動在宇宙之內，宇宙之外是渾沌，渾沌是黑暗、危險、污穢、墮落、混亂。而宇宙則是光明、安全、潔淨、神聖、秩序。人只能而且只企求居住在宇宙之內。太初宇宙的創造，當然是神，神立下一個中心點，將天地分開，將光明與黑暗分開，將神聖與凡俗（profane）分開。因爲宇宙別於渾沌是神聖的，因此宇宙的中心點是一切神聖的，一切神聖的輻輳點，一切神聖的起源，因此，此一中心點經常成爲聖地，成爲人們膜拜的地域。〔註1〕

　　又，涂爾幹（E. Durkheim，1858～1917）是法國社會學家，他的宗教理論從神聖（sacred）與世俗（profane）的二元劃分出發，進而思考宗教的神聖性質的問題。〔註2〕他認爲宗教活動的基本特徵，是將世界事物分成兩

〔註1〕　張珣，〈進香、刈火與朝聖宗教意涵之分析〉（人類與文化第 22 期 1986 年 06
　　　　　日），頁 46～47。
〔註2〕　莊英章等編著，《文化人類學（下）》（台北縣蘆洲鄉：國立空中大學 1991 年），
　　　　　頁 69。

個領域，一是神聖，一是世俗。在人的腦海中，無論在那裡，處於什麼時候，神聖與世俗這兩個領域是截然不同的、不相容的。當神聖的事物彼此相連，從而產生相應的信仰及儀式行爲，並且有教堂招聚信眾，那便是宗教。〔註3〕

由此立論，Micrea Elaide 認爲人只能企求居住在宇宙之內，人得到異於其它生物的恩寵，得以居住在這個光明、安全、潔淨、秩序而神聖的宇宙之內。而涂爾幹更直接地將世界事物分成兩個領域，即「神聖」跟「世俗」。所以宗教信仰的產生自有其「神聖性」的一面。

第二節　頭城搶孤的神聖性

游謙在〈董芳苑教授的宗教研究〉一文中分析宗教信仰的結構時，他把自古從殷代一直流傳下來的原始宗教信仰歸類爲「原始宗教類型」。而在漢人信徒心目中，很明顯地也將宗教信仰區分了「聖」與「俗」兩個層面，而這聖與俗的區分表現在時間、空間、人物、事物、行爲和語言上。

一般，漢人把「建設性」的事視爲神聖的。如平安、祝福、庇佑；在整體民間信仰裏，甚至如「童乩」、「尫姨」、「巫師」即爲神聖的人物；「寺廟」、「凶宅」、「靈異之處」即爲神聖的空間；「歲時祭儀」、「生命禮俗」即爲神聖的時間；「偶像」、「神物」即神聖的對象；「符咒」、「法器」則爲神聖的器物；「咒語」、「祈禱」即神聖的語言；宗教信徒的「獻祭」與「禮拜」則是神聖的行爲。在這類型的宗教中，充滿了各種的精靈與神聖的痕跡。〔註4〕

基於這個理論，在漢人長久的宗教歷史活動之中，舉凡一切跟祭祀活動有關的：人、地、時、物、事、語言及行爲都是屬於神聖的一邊。當然沖犯了神聖，不管是沖犯了神聖的人、地、時、物、事、語言及行爲之一，或是違反了禁忌就會招來災厄。宗教「神聖化」的事實在昔時漢人的信仰中，早已是不能移除的觀念。

搶孤是宗教活動自無疑義，搶孤的一切「神聖性」，我們列舉如下：

〔註3〕 范麗珠，《當代中國人宗教信仰的變遷》（台北縣：韋伯文化國際出版社 2005年 10 月），頁 25。引述自 Durkheim，（1982：24～47）。

〔註4〕 游謙，〈董芳苑教授的宗教研究〉（台灣宗教學會通訊第七期 2001 年 01 月），頁 100。

一、靈、魂、神、鬼的祭祀

地無分中外，時無分古今，舉凡所有的一般宗教信仰，例如，漢民族的祖先崇拜、中元普度、大樹公或石頭公的崇拜在在都顯得跟靈的信仰有關。台灣的搶孤其所主要祭拜的孤魂野鬼亦然。

漢人的觀念中，鬼、神原來都是人。認為人死後，那一些在行善積功德的人或功勛彪炳有功於社會者就便成神，可以住在廟裡，享用人間的萬代香火；那一些平平凡凡的人，列入祖先的牌位者，得以接受子孫的供養；但是生前的壞人，惡貫滿盈，死後永遠無法超生，就變成鬼須往地獄裡去。

魂無論變成神、鬼或祖先都一樣要生活，但因為神與祖先都有人供奉，鬼只能獨自為生活奔波甚至作祟於人以求得供奉，因為這樣的宇宙觀，使得家人與祖先都需要神明的保護，〔註5〕不過住在地獄的壞人只有農曆七月才能出來討食。另外，也有一些無人供養或各式各樣橫死、冤枉死的孤魂野鬼，並不是住在地獄裡，而是在人間到處遊蕩。家裡的祖先或廟裡的神明因為固定有人供奉，比較不會作祟於人。孤魂野鬼因為沒有地方住，也沒有人固定供養，就到處討東西吃。

相較於漢人的鬼神觀念，西方學者雖有異於漢人觀念，也有類似「靈魂」的看法。

英國人類學家泰勒（E. B Tylor，1832～1917）認為，宗教的起源及本質，是對於靈的存在（spiritual beings）的信仰，稱為泛靈信仰（animism）。而泰勒曾概略地把靈的觀念分為存在於活人人體的靈魂（soul），死後離開軀體的鬼魂（ghost），以及存在於人體之外的精靈（spirit）。又，所謂「靈的存在」是一種超自然的存在，因為所有的自然界事物，都有其物質上或肉體上、時間上的限制無法超越。人類學家還發現，各民族的泛靈信仰的形態所呈現的差異性極大，很難以一概而論；但是，可以確定的是泛靈信仰絕不是古代人類或是無文字民族的專利，在我們的生活周遭也有許多泛靈信仰的實例。〔註6〕

雖然，孔子說：「子不語怪力亂神。」，但鬼魂，靈魂之說，迄今仍然有宗教家、神學家在作宗教及神學上的研究。

〔註5〕　葉春榮，張珣合編，《台灣本土宗教研究：結構與變異》（台北：南天2006），頁20。

〔註6〕　莊英章等編著，《文化人類學（下）》（台北縣蘆洲鄉：國立空中大學1991年），頁67～68。

二、厝、廟宇、教會──神聖的所在

「人居住並活動在宇宙之內」，葉春榮認爲「厝」就像一個漢人的小宇宙，「厝」的內外充滿著看不見的超自然物。「漢人的年節祭就是一套漢人與超自然物和諧相處的理念」。〔註7〕由此觀之，漢人所認識的「厝」，不論是人、鬼、神、或者是祖先都生活在其中；而「厝」，換句話說也就是在一個大宇宙之內有一個小宇宙。爲了和平相處，漢人在固定的年節裡都要祭拜他們。

在台漢人傳統信仰的本質在宗教研究上是屬於泛靈信仰（animism），所謂泛靈信仰是人們相信任何事物均有靈魂的存在，只要能顯靈或具有靈驗事跡的均能成爲祭拜的對象。〔註8〕

基於鬼魂也需要生活，因此在每年舊曆七月，由廟宇舉辦普渡，布施的祭典儀式，提供這些不住在地獄裡，而在人間到處遊蕩的孤魂野鬼，有所供養，以免他們到處流竄，爲害人們。在清領時期的台灣，人們以社廟代表村落，社區廟宇象徵整個社區，以祭祀活動作爲實際行爲的表現，用以整合人際關係強化社會道德規範，藉以達到維持社會秩序的目的。〔註9〕

搶孤透過廟宇祭典儀式後的活動，雖然有發生爭相搶奪的事件，但是藉由廟宇的祭典，卻有安定社區的作用。

涂爾幹認爲，眞正的宗教信仰總是一個特定集體的共同信仰，這個集體聲稱忠於這些信仰並履行與其有關的各種儀式。這些信仰不僅逐一爲這個集體的全體成員所接受；而且這些信仰是屬於這個群體的東西，這些信仰使這個集體團結一致。他們還把這些共同的表象轉變爲共同的實踐，因此他們聯合成了這個集體，這個集體就稱爲教會（church）。在整個歷史上，我們尚未發現一個沒有教會的宗教。〔註10〕

宗教生活和世俗生活不能存在於同一個地方。對於前者，必須有一個特別地點來安排，後者不能進入。這樣就發展成建造寺廟和聖殿。那是神聖居住受奉的地方。〔註11〕

〔註7〕 葉春榮，張珣合編，《台灣本土宗教研究：結構與變異》，頁20。
〔註8〕 許嘉明，〈寺廟的社會功能〉（綜合月刊第1157期1978年06月），頁117。
〔註9〕 許嘉明，〈寺廟的社會功能〉，頁120。
〔註10〕 芮傳明、趙學元譯，涂爾幹（Emile Durkheim）原著，《宗教生活的基本形式》（苗栗縣：桂冠圖書股份有限公司2007年04月二版），頁45。
〔註11〕 芮傳明、趙學元譯，涂爾幹（Emile Durkheim）原著，《宗教生活的基本形式》，頁346。

在西方，教會爲民眾信仰、集會的場所，在台灣則是廟宇。雖然教會跟廟宇在各方面不盡相同，功能也各有異，如：儀式祭拜、信仰的神祇各有不同。但是在凝聚信徒的向心力，移風易俗，善盡社會責任方面是有相同的作用。

三、儀式的神聖

凡是宗教，必然一定有屬於那個宗教的專門的儀式。通常，我們把試圖與超自然力量溝通的行爲稱之爲「宗教儀式」，或直接簡稱爲「儀式」。

自從范‧吉納普（A.Van Gennep，1873～1957）提出「通過儀式」（rite of passage）以來，即成爲人類學上廣泛使用的儀式概念。〔註12〕

搶孤要通過什麼樣的儀式呢？游謙根據片岡巖（1981：46）；鈴木清一郎（1989：593）；黃文博（1989：213）等專家學者的看法，歸納主要的看法可分爲兩派：

第一派的看法認爲這是祓禳儀式（exorcism）；因爲搶孤是一個附著於普度結束前的儀式，普度結束之後，這些孤魂野鬼應該各歸其所，但恐怕有些「好兄弟」在飽食後仍賴著不走，所以藉整個搶孤人群的龐大聲勢，以迅雷不及掩耳之速度，來個「逐客令」，嚇走這些「好兄弟」，而達驅鬼、祓禳的目的。這種說法與 Parrinder（1987：228）對傳統漢人祓禳儀式研究的結論相吻合。

第二派的看法認爲搶孤是以人來象徵鬼。Robert Weller（1987）是抱持這種說法的代表人物；他認爲「搶孤」與普度時，法師以丟糖果給小孩搶的動作，象徵餵食孤魂野鬼的手法一樣，即用搶孤者凶暴的動作來象徵鬼魂凶暴地搶食供品。〔註13〕

雷德克立夫─布朗（A.R. Radcliffe─Brown）建議，要了解一種宗教，必需要從儀式方面著手，而不是在信仰方面。Loisy 對此也有相當的見解，他說：「祭典是所有宗教中，穩定而延續的因素，靠著這個因素，是發現古代儀式精神最好的方式。」〔註14〕

〔註12〕莊英章等編著，《文化人類學（下）》（台北縣蘆洲鄉：國立空中大學1991年），頁76～80。

〔註13〕游謙，〈頭城搶孤的歷史與演變〉，頁517。收錄於《寺廟與民間文化研討會論文集1995年03月》。

〔註14〕宋光宇節譯，A.R. Radcliffe─Brown 原著，"Structure and Funtions in Primitive Society"，〈宗教功能的一些特質〉（人類與文化第3期1774年01月），頁13。

四、神聖的禁忌

宗教儀式的另一個現象是往往伴隨著「禁忌」（taboo），禁忌乃是消極性地禁止對特定事物或人物的碰觸，或進行某些日常行爲。Taboo 這個詞彙起源於玻里尼西亞語。當地人相信某些超自然力量帶有危險性，人們若以錯誤的方式與其交涉，將會觸犯危險帶來災難。〔註 15〕當然，對宗教禁忌的越軌常被認爲會立即帶來肉體的痛苦，犯禁者將自食其果，人們也認爲他咎由自取。〔註 16〕

搶孤也是有如下一些眾所週知的禁忌，主要的有：

（一）搭建孤棚以及上下主普壇的人員都需要齋戒吃素。

（二）女人月經生理期，或生小孩、坐月子的婦女以及帶孝者（不論男女），不得接近搶孤的場地範圍，不能有性行爲。

（三）女性不能碰到孤棚法器。

這是一般參與搶孤籌備者或是實際工作者都能琅琅上口，甚至成爲一般信徒的戒律，不可或缺的信條。

若以涂爾幹對禁忌體系的解釋來分析上述搶孤的禁忌，將會有更清晰的說明及印象：

有關於第（一）項的齋戒吃素：「進食會引起特別的接觸，於是就禁止食用某些被視爲神聖的動物或植物，尤其是被奉爲圖騰的東西」。〔註 17〕

有關於第（二）項生理期及性行爲：「婦女在月經期，尤其在開始時，她們是不潔的，所以這個時候，她們被隔離起來，男人不能和她們發生關係」。〔註 18〕

有關係第（三）項：「接觸除了觸摸以外還有其他方式。人們只要注視了

〔註 15〕莊英章等編著，《文化人類學（下）》（台北縣蘆洲鄉：國立空中大學 1991 年），頁 78。

〔註 16〕芮傳明、趙學元譯，涂爾幹（Emile Durkheim）原著，《宗教生活的基本形式》（苗栗縣：桂冠圖書股份有限公司 2007 年 04 月二版），頁 340。

〔註 17〕芮傳明、趙學元譯，《宗教生活的基本形式》，頁 342。

本則注解：「如果說對於圖騰動植物的進食禁忌是最重要的，但也不是唯一的。我們見到一些禁止未成年者食用的神聖食品。有各種原因授予這些食品神聖性。例如，樹頂上的飛鳥是神聖的，因爲它們是天上大神的鄰居。因此很可能出於各種原因將某種動物的肉留給老人，從而使老人享到神聖的品性。」

〔註 18〕芮傳明、趙學元譯，《宗教生活的基本形式》，頁 460。

某個東西，便同它建立了聯繫，因此看也是一種接觸。女人永遠不應該看見舉行儀式用的器具：最多也只能站在遠處瞟上一眼。」。〔註19〕

　　從上述涂爾幹的註解和他的田野調查，禁忌的標準其實比咱們的搶孤禁忌還更嚴苛。至於喪事的場合，「由於死人是神聖的東西，結果，曾與死者有關係的任何東西，因傳染作用，在宗教狀態中都必須避免與世俗生活中的接觸。」。〔註20〕

　　禁忌是宗教生活的重要內容，成為教徒的一種宗教行為，隨著倫理含義和民俗成分的融入也成為社會生活的一部分，具有明顯的社會功能。禁忌與神聖對象和宗教觀念相聯繫，宗教生活中禁忌行為反過來可以強化宗教意識，使神聖對象處於聖潔而不可侵犯的地位。〔註21〕

　　2008年、2009年筆者曾到頭城搶孤現場參觀，隨著時代的演變，緊鄰在搶孤豎孤棚的主場地外的旁邊，另外也搭建一座小型的孤棚供一般男女老少、閒雜人等攀爬，讓一般大眾也能夠體驗爬上孤棚的滋味，這在以前的年代是不可能有的事，尤其是開放讓婦女攀爬孤棚那更是絕對想都不用去想的事。

　　但是，在主場地所搭建豎立的孤棚，還是要依古例，無論如何不得有任何不敬、違反上述三項禁忌的事情發生。

第三節　從神聖化走向世俗化

　　「世俗化」一詞來自拉丁文 saeculum，原意指時代、時間、世代、世界及有終結的生命。世俗在當時並不指負面的意義，它指出在時間中有某些自主性，它可建立自己的政治、經濟及社會生活。〔註22〕

　　世界上的宗教及社會隨著歷史的脈動而改變，由古代的神權，政教合一的體制邁向現代化的同時，價值體系不如古代的穩定，同時宗教的功能也漸漸失去作為眾人共有的價值角色而趨向世俗化則是一條必經之路。

〔註19〕芮傳明、趙學元譯，《宗教生活的基本形式》，頁343。
〔註20〕芮傳明、趙學元譯，《宗教生活的基本形式》，頁442。
〔註21〕戴康生、彭耀主編，《宗教社會學》（台灣縣永和市：財團法人世界宗教博物館發展基金附設出版社2006年07月），頁120。
〔註22〕吳寧遠，〈現代宗教世俗化之省思〉（宗教哲學第四卷第四期1998年10月），頁21。

因此，從神聖通往世俗之途，涂爾幹（Emile Durkheim 1858～1917）以「神聖」作爲宗教現象分析的中心。他以神聖來定義宗教，並以世俗作爲神聖的相對意義。那些被歸於神聖類的社會事實構成宗教的本質，它們之所以被稱爲神聖，是因爲社會認爲它們該「遠離」及「被禁止」，剩下被歸於「世俗」類是指日常生活、公共場所及生活的世俗面。又，一物之所以爲神聖或世俗是由社會所規定的，因此，人對神聖的尊敬正是他對社會尊敬的表現。宗教與社會其實是同一件事，宗教中的神聖也就是社會中的神聖，由此看來涂爾幹認爲宗教從開始就世俗化了。〔註23〕

由此，宗教與社會原來也是一體的兩面。宗教的改變和社會現象一樣，宗教也是隨著社會變遷的脈動而改變。

若要以更簡單扼要地來解釋所謂的「世俗化」，那就是：「和日常生活結合的程度」。〔註24〕

搶孤從清領一開始屬於「神聖」的階段也是緊扣著清領時期當時的台灣的社會、政治、經濟等等的變化而如影相隨。

一、清領搶孤的神聖性

清領時期在臺灣，有關中元普度的方志文獻等記載，大都不出自古以來的「中元人家各祀其先」，「以一老僧主之。黃昏後，登壇説法，設酒食以祀鬼」這個範疇。祭祀祖先、鬼、神本爲漢人宗教上的神聖事務殆無疑義。而前面提到台灣的庄廟在清朝時期的興起更讓台灣這個移墾社會染上濃厚的宗教信息。

但是在清領時期，從普渡拜拜一直到後來演變成爲爭奪事件的搶孤，則出現了羅漢腳、無賴之徒、無業棍徒、遊民、乞食、打降等等這些所謂的社會邊緣人的角色。有人覺得這些社會緣人的出現，或許有損宗教的神聖性，但是從另外一面看，這不就是更可以反映出搶孤的神聖性嗎？

邱彥貴對於搶孤的原始意義認爲：中元儀式完畢後，將置於孤棚上的祭品，有些則更懸掛於更高處的高大竹製孤棧上，任由民眾，特別是社會邊緣人如乞丐等攀爬搶奪。若我們作結構意義的解讀，中元是一種調整性的社會

〔註23〕吳寧遠，〈現代宗教世俗化之省思〉，頁22。引述自 Durkheim（1965：388～89）。

〔註24〕盧蕙馨，《宗教與文化》載於《五十年來臺灣宗教研究成果評估計畫》（台北市：行政院國家科學委員會2006年01月24日），頁3。

儀式，透過施捨甚至是博愛的觀念與行為，調整宇宙與現實的運行偏離狀態。形上層次的儀式中，祭品分予孤魂野鬼，而現實上，則透過儀式後的搶孤，施捨給社會邊緣人。因為相對於一般人，乞丐等社會邊緣人，以及無後裔祭祀的孤魂野鬼，兩者皆存在潛藏的不可知的危險。而藉著中元儀式與其後的搶孤，可以對宇宙中的脫序以及現實社會的失衡，予以調整、補償若干，兼讓兩者重返和諧軌道。〔註25〕

清領時期的台灣官府沒有類似當今的社會福利政策，只有救濟措施。中元祭典所衍生出來的搶孤，在本質上是悲天憫人的，是在救濟弱勢團體於一時。只是當時的官府雖有公權力的維護秩序，但往往可能是執行力不張，搶孤卻蔚成風氣。漢人的宴饗鬼、神，甚至於分饗扮演著孤魂野鬼的凶暴的搶孤者，在某些意義及情節上也類似西方人的盛宴。涂爾幹認為：「一場盛宴，不管有多麼淺顯，也總是有一點宗教典禮的特徵。……人們叫喊、歌唱，有音樂，有過份的行為，有舞蹈，人們追求刺激以增強生活。」〔註26〕，台灣的搶孤，沒有音樂、歌唱喊舞蹈，只是代之而起的是暴力，搶奪、哀號，鬼叫。涂爾幹也認為：「有些宗教典禮幾乎必然會引起逾規行為。」〔註27〕，但我們認為這也是另類的「儀式通過」。因為有了這一些社會邊緣人的參與，儀式過程中有了「連續繼起」（Sequence）也就能「通過儀式」。

二、日治開始的世俗化

西洋的宗教社會學於韋伯（Max Weber 1864～1920）逝世之後即處於一種休眠狀態。這種狀態與整個歐洲宗教的衰落現象是分不開的。一方面，西方資本主義的迅速發展，科學的突飛猛進，社會生活的逐步世俗化，把宗教從經濟領域中趕出去。另一方面，天災人禍，如地震和經濟危機、以及人為的兩次世界大戰的苦難，使無數的信徒對宗教的信仰、功能提出了疑問。〔註28〕

〔註25〕邱彥貴，〈頭城搶孤：歷史補白與意義蠡測〉，頁31～32。收錄於（宜縣政府：《2009年「頭城搶孤學術研討會」》2009年09月17日）。

〔註26〕芮傳明、趙學元譯，涂爾幹（Emile Durkheim）原著，《宗教生活的基本形式》，頁430。

〔註27〕芮傳明、趙學元譯，涂爾幹（Emile Durkheim）原著，《宗教生活的基本形式》，頁430。

〔註28〕戴康生、彭耀主編，《宗教社會學》，頁43。

　　世俗化是一個過程，它與現代化是同一過程。吳寧遠認爲現代化指一個社會全面發展的現象，它是一個多面向的發展，包括宗教世俗化的發展。並將現代化的歷史加以區分爲：前工業社會、工業社會及後工業社會。此種分法只是一種概念性的，無法指出確實的時間與地點。但是事實上，每一階段都彼此重疊並且互相影響。例如現代化影響工業革命，而工業革命也影響現代化。不過社會學者常將一社會的工業技術發展的程度當作現代化的指標，也常將工業革命當作一社會變遷的里程碑。〔註29〕

　　台灣在 1895 年被併入日本版圖後，因爲日本是東亞地區最先走西化路線，也是最早走向現代化的國家。這時期的台灣自然也跟隨日本的腳步，處於走向上述所謂的「工業社會」的階段，比起亞洲很多國家也是較早接受現代化的沖擊。

　　日治後期的 1934 年《台灣日日新報》便有菸酒及食鹽專賣局宜蘭支局轄下的小賣人組合參與搶孤的報導，不但贊助活動、提供獎金、獎品，還加入遊行行列。這在當今不正也是一種企業「行銷」的手法嗎？一種最具世俗化的、最爲典型的商業活動嗎？

　　跟西洋國家一樣，在度過了 1929～1933 年，亦即世人所謂的「經濟大恐慌」以後，台灣資本主義迅速發展，故有著「農商景氣回復，一般經濟緩和。」的局面（刊載於 1935 年（昭和 10 年）8 月 27 日《台灣日日新報》）。而「募集團體千餘名來觀云。」及「鐵道部，特派活動寫眞班，於驛前廣場映畫。」（分別刊載於 1936 年（昭和 11 年）9 月 13 日及 9 月 19 日的《臺灣日日新報》），自不待言，隨著日治時期搶孤活動的一再舉辦，台灣早期的科技產品，照像以及播放電影的觀光活動也因應而生了。因此在現代化、工業社會、宗教和社會的彼此重疊及互相影響之下，世俗化的腳步在此階段不只是已經開始而已，頭城搶孤跟隨著社會的律動而變化，走向「世俗化」已是趨勢了。

三、終戰初期人道的終極關懷

　　戰後 1946 年，頭城在地方士紳諸人的要求之下，首度復辦搶孤。當時接收台灣的國民黨政府（KMT）引起民怨，不久旋即發生不幸的二二八的屠殺事件。縱然如此，1947、1948 連著兩年都相繼舉辦。

〔註29〕吳寧遠，〈現代宗教世俗化之省思〉，頁 26。

　　按照田立克（Paul Tillich）的定義，宗教是指人對終極關切（ultimate concern）的態度和行動。這種終極關切必須在終極上與有價值和有意義的事物相關，這些事物不妨稱之為「終極價值」（ultimate value）。宗教的社會功能之一，就是提供一系列有意義的終極價值。社會的道德即可建立在這一價值的基礎之上。〔註30〕

　　在西美爾（Simmel）的視野內，宗教是一種與人類情感相關的、寬泛的某些關係與感受，人與人之間各種各樣的關係中都包含著一種宗教因素。孝順兒女與父母之間的關係；忠心耿耿的愛國者與其祖國之間的關係或滿腔熱情的大同主義者與人類之間的關係；產業工人與其成長過程中的階級之間的關係或驕橫的封建貴族與其等級之間的關係；下層人民與欺壓他們的統治者之間的關係，合格的士兵與其隊伍之間的關係等等，所有這些關係雖然是五花八門，但如果從心理學角度對它們的形式仔細加以攷察，就會發現它們有著一種我們必須稱之為宗教的共同基調。一切宗教性都包含著無私的奉獻與執著的追求、屈從與反抗、感官的直接性與精神的抽象性等的某種獨特混合；這樣便形成了一定的情感張力，一種特別眞誠和穩固的內在關係，一種面向更高秩序的主體立場——主體同時也把秩序當作自身內的東西。〔註31〕

　　1947 年在台灣發生的二二八事件，自有史學家爲其界說定調，非本文所能論及。然而，當時正處於終戰，戰爭的破壞，天災頻仍、病蟲害叢生、人禍橫行，人們所須要的正也是宗教對人的關切和態度。頭城社會賢達諸公，尤其當時鄉長的盧纘祥不但身歷其境，更是眾所託付，一本悲天憫人，處理善後。戰後初期的頭城搶孤，依筆者個人的觀點，反而是自有搶孤歷史以來，最具宗教「神聖化」氛圍的一個時段；一切的宗教性如同西美爾（Simmel）所稱，「都包含著無私的奉獻與執著的追求」；而宗教則充滿了對「人」的終極關切（ultimate concern）。

四、二度復辦後更趨世俗化

　　1960 年代至 1990 年約三十年期間，臺灣的社會型態產生急驟的變化，工商業的發達，使原來農業社會型態解體，也可以說是傳統社會的解體，人口集

〔註30〕范麗珠，《當代中國人宗教信仰的變遷》（台北縣：韋伯文化國際出版社 2005 年 10 月），頁 25。引述自 Tillich（1951）。

〔註31〕曹衛東譯，G. Simmel 原著 "Der Moderne und Religion"，《現代人與宗教》（香港：漢語基督教文化研究所 1997 年）（原作題名 "Zur Soziologie der Religion" 1898 年），頁 5。

中到大城市，都市文明成為現代文化的主軸。人們不論在生活方式、價值觀念、人際關係、工作環境及教育、娛樂各方面，都與以往農業社會顯著不同。

瞿海源認為，臺灣的解嚴也可以說是世俗化的一種趨勢。簡單地說、當西方社會在宗教改革後，羅馬天主教不再是唯一的神聖的教會，許多新興的基督教教派之所以可能創立以及持續地發展，就是世俗化的結果。過去的台灣在國民黨戒嚴時期，政府乃至於國民黨是神聖的，是不可侵犯的，甚至宗教團體都必須臣服其下。解嚴本身即在去除黨政的神聖性。於是，對一般社會而言，解嚴是一種自由化的過程，對宗教團體或宗教現象，可能就濃厚的世俗化意含了。〔註32〕

台灣的解嚴本身就是民主化過程的一大步，或許政治的解嚴也是政治世俗化的過程之一。由於政治解嚴的結果，本來在台灣的人們的日常生活當中的諸多限制也都同時解嚴了。本來擁有祭祀、娛樂、社交，經濟、教育等多元性功能的傳統民俗藝術活動，這些功能本來是農業社會發展的主要因素。但是在現代社會中，這些功能多數已被其他藝術活動或社會行為所取代或淘汰掉。例如在娛樂價值上，各型式的文化藝術、體育活動興起，成為現代社會民眾的重要育樂和休閒活動。〔註33〕

台灣因為經濟的大幅度成長，連帶地帶動了政治上的解嚴。當台灣從農業過渡到工業化，成為開發中國家，很多昔時是神聖的，不可被侵犯或動搖的觀念也逐漸被卸下，宗教的意義亦復如此。1991 年在二度復辦的同時，頭城搶孤在形式上也已經大大的改變了昔時的施捨、暴力、或是被除穢氣、人道關懷的宗教儀式的意涵，走向世俗化的同時，代之而起的是以另類的民俗體育競賽的姿態呈現在國人的面前。

金湘斌在分析搶孤活動所呈現的民俗體育活動的特色，他認為：「從民間信仰祭鬼活動脫胎而來的搶孤，將逐鬼的原始意義，轉化為攀柱的民俗運動，這是以宗教力量帶動民俗，推展體育與社教活動的行為，十分真實與可貴。這樣的民俗活動以其活潑、熱鬧與鄉土的多重性格，豐富了宗教內容，也提升了宗教內涵，而搶孤特有的祭典色彩，及驚險刺激的視覺效果與團隊精神，不僅使民間信仰呈現出多彩多姿的面貌，同時也讓它不再停留於迷信的祭拜

〔註32〕瞿海源，《宗教、術數與社會變遷（二）》（台北縣新店市：桂冠圖書有限公司 2006 年 09 月增訂版），頁 2。
〔註33〕邱坤良，《民俗藝術的維護》（台北市：行政院文化建設委員會 1985 年 09 月），頁 18～20。

層次，而逐漸導入生活的範疇，成為小傳統文化的重要元素。透過發展此種地區性的民俗體育活動，使我們更積極地去發掘固有及失落的民俗體育項目，以呈現各地塊燦多樣的色彩與特色。」。〔註34〕

　　1991 年頭城搶孤二度復辦，其所表現出來的競賽活動，我們認為頭城搶孤的活動已的確轉化成為民俗體育，這也是搶孤文化在宗教世俗化的過程中進一步更趨於世俗化走向的一番最佳解釋。

第四節　神聖化或世俗化的抉擇

　　頭城搶孤從日治時期興起發展至今，可以說是在台灣的搶孤活動中獨占鰲頭，是台灣的中元民俗活動最負名聲的一個所在。自 2004 年起連年都有舉辦，當今在台灣只要一提到搶孤，相信大家都會聯想到頭城小鎮。

　　地方人士在保存搶孤這個最獨特的民俗，大都具有共識。因此可以說是地方的期待相同，只是如何使之永續經營並且發揚光大，則各界都有不同的見解。

　　依游憲廷、李守正為文歸納，地方上至少有兩方不同的主張，茲抄錄其內容如下：

　　其中的一方主張應堅守傳統形式，特別是儀軌禁忌優先遵守，不應觸犯（暫稱為「傳統派」），一般言，地方耆老大都持此一立場。他們認為，搶孤活動本來就是傳統的中元祭典活動的一項，過去留下來的許多傳統與禁忌都是「事出有因」，各有其本，不應輕率予以更動。而且，人鬼殊途，有許多靈驗的前人事例，令人不得不以莊重、戒慎的態度，籌辦搶孤事宜，（如祭典過程上的禁忌、女人與孤棚的禁忌）搶孤活動的本質就是宗教活動。是故，尋求以嘉年華會的形式，企圖百無禁忌地籌辦搶孤活動是一項潛藏危機的危險作法，他們不能接受這樣的改良方式。

　　另外的一方則主張活化搶孤民俗，應將許多不合時宜的祭典形式改良之，而能有助於吸引觀光與鎮民的參與，（暫稱為「改良派」）。他們認為，一些莫名的禁忌有檢討乃至廢止的必要，以謀求搶孤活動更能貼切今日現代的常民生活，讓搶孤成為一項可以讓眾人參與，可以掀起眾人參與熱情的民間

〔註34〕金湘斌，〈從民俗體育觀點談恆春搶孤活動的過去、現在與未來〉（高雄市：
　　　國立高雄師範大學體育學系學會第 1 期 2002 年 09 月），頁 97。

活動，而不應侷限爲宗教活動。同時，搶孤活動亦應有更全面的、具備經濟性的、文化性的規劃方式，以期頭城鎮民能在搶孤活動的舉辦，帶動更多的工商繁榮，而非僅只有一、二天的攤販經濟。

　　基本上，傳統派的主張符合一般民間對鬼神的崇敬，所謂之「敬鬼神而遠之」－既有之禁忌，非不得已都應以不變爲佳。然而，傳統派的做法難以避免搶孤活動勢將侷限在傳統的宗教活動的事實，也就難以活化活動，乃至於很難賦予新時代新內容的發展。同時，它亦不易於帶動地方熱情參與，及配合工商發展以創造經濟利益。在此形勢上，搶孤活動之舉辦，勢必依賴公部門編列預算執行下，方得實現。如此一來，只要公部門主政者人事政權更迭，就足以使長期的民俗搶孤活動嘎然停辦，若無法獲求自給自己的機制，就很難能夠永續保存。前述雙方不一的見解已在頭城搶孤研究計劃的多次相關議題的座談會中，雙方各述己見，亦能瞭解對方主張。雖然，雙方基本的核心堅持各異，不過，在多次對話溝通中，雙方雖仍各持己見，但已見互有退讓。如：傳統派於 2008 年搶孤活動中，已增添多項體驗活動，並允許女性參加。〔註35〕

　　根據上述地方上的兩種不同的聲音，其實也就是頭城搶孤今後的發展究竟是繼續保有「神聖化」的儀式形態，抑或走向更爲「世俗化」的路線？這個問題則非今日可以定論，尤其更需要待來日再作觀察。

第五節　走向文化資產的反思

　　台灣以出口爲導向的經濟於 1960 年代開始起飛，呈現出大幅度成長的階段，國民所得的增加逐漸使生活充裕。但是 1980 年代開始，隨著經濟的持續發展導致文化資產的破壞與喪失。很顯然地，相較於 1950 年代以來，世界文化資產與自然文化資產的保存觀念，台灣仍然落後許多。

　　1972 年 11 月 16 日聯合國教科文組織（United Nations Education、Scientific and Cultural Organization）本部巴黎召開的第十七次大會中獲得在場國家一致決議通過，世界文化遺產暨自然遺產保護公約（Convention Concerning the Protection of the World Cultural and Natural Heritage），並於 1975 年 12 月 17 日

〔註35〕游憲廷、李守正，〈文化創意產業規劃篇〉，頁 210～212。收錄於《頭城搶孤民俗保存與文化創意結合之研究》（蘭陽技術學院 2008 年 09 月 30 日）。

正式生效。我國政府則於 1982 年正式成立文化建設委員會，主掌各項文化建設業務以有效保存文化資產，並分別於 1982 及 1984 年完成〈文化資產保存法〉及〈文化資產保存法施行細貝〉之制定，就我國而言是當時最重要的文化建設工程之一。〔註36〕

頭城搶孤民俗活動已於 2006 年 12 月 27 日，經行政院文化建設委員會以府文資字第 0950007040 號文，依文化資產保存法第 59 條及傳統藝術民俗及有關文物登錄指定及廢止審查辦法第 6 條規定，公告為節慶類文化資產。〔註37〕

在上述條文及法令的公告之下，我們或可期待頭城搶孤得以永續經營。不再需要年復一年仰仗公家部門編列預算支持，否則，若地方縣府主其事者意願不明確，或支持度不高，或是地方縣議會稍事杯葛發生阻力，都足以動搖甚至使該年度的搶孤活動陷入該不該辦的窘境。

因此，要如何正確且有計畫性地保存此項文化意涵，進而把頭城搶孤開展為更豐富的文化資產，便是今後一項重要的議題。

第六節　小結

本章節，主要的以涂爾幹〔註38〕晚年之作的《宗教生活的基本形式》中，有關於，神聖世俗之分，禁忌，儀式，節慶活動等最基本的要素，來詮釋頭城搶孤的宗教性及其神聖性和世俗化的走向。

十九世紀末至二十世紀初，法國社會學家涂爾幹的主要的思想集中於四部巨著：《社會分工論》（1893 年）、《社會學方法的規則》（1895 年）、《自殺論》（1897 年）、《宗教生活的基本形式》（1912 年）。這些目前都被視為社會學這門學科的基礎著作。

而本章只引用《宗教生活的基本形式》一書中的神聖和世俗來闡述搶孤的宗教性質及其走向，並以禁忌跟儀式來對映並呼應搶孤自古以來在祭祀上

〔註36〕 李汾陽，〈台灣文化資產保存的發展與特質 1984～2007〉（通識研究集刊第十三期 2008 年 06 月），頁 57。

〔註37〕 行政院文化建設委員會網站，文化資產個案導覽，頭城搶孤。http://www.hach.gov.tw/hach/frontsite/cultureassets/caseBasicInfoAction.do?method=doViewCaseBasicInfo&caseId=JE09605000059&version=2&assetsClassifyId=5.1&menuId=302&siteId=101。

〔註38〕 維基百科網站，艾彌爾・涂爾幹 http://zh.wikipedia.org/zh-tw/%E7%88%B1%E7%B1%B3%E5%B0%94%C2%B7%E6%B6%82%E5%B0%94%E5%B9%B2。

的種種限制，以節慶活動來比照搶孤祭典的內涵。此外，更佐以其他學者的理論及研究，使頭城搶孤在宗教的形式上更具理論基礎。

　　台灣的搶孤在過去四百多年的歷史當中，歷經了社會及政治環境的改變，從一開始的清領時期的「神聖化」，每經過一次政治環境的變遷，就起了一次變化。但是從「神聖化」走向「世俗化」的整個過程當中，並非一路到底。它是從清領時期的「神聖化」，於日治時期受到殖民地統治，隨著日本的西化和現代化的腳步而開始趨向「世俗化」。但是於終戰初，旋即因爲二二八事件以及後來的戒嚴而呈現倒轉的現象，反而是回復於人道的「終極關懷」的境界。1991 年二度復辦後，由於台灣政治的解嚴，社會在經濟高度的成長情況之下，「世俗化」的腳步加快而轉型爲民俗體育，這已是眾所目睹的了。

　　宗教的「神聖」跟「世俗」也並非二分法，也並非是絕對不相容的。「神聖」與「世俗」未必分離對立，至少在宗教多方面融入社會生活的經驗事實上，兩者有許多交涉，就如佛教的「出世」也並非是指離群索居。〔註39〕

　　儘管頭城搶孤從神聖走向世俗，可是台灣這個類似資本主義社會實際上也是呈現世俗化了。世俗化了的頭城搶孤處於類似資本主義社會的台灣，其演化的過程，在文化和宗教的領域出現了很多矛盾。搶孤文化仍然沒有因爲宗教世俗化而被摒棄於現實社會之外，搶孤的宗教性也依然故我地存在著，並沒有從歷史的舞臺退出。世俗化了的搶孤，在現代性工業社會愈形發展的台灣，依然存在，而且跟隨著社會的變遷，只是以跟往昔不同的形態出現而已。

　　基本上，時至今日，搶孤活動主要仍是以宗教被襄儀軌（中元祭典）形式呈現。頭城的中元祭典仍然秉持著八、九十年來的傳統的儀式，搶孤活動也是遵循著近百年來的風貌。

　　近年來的搶孤在走向世俗化了之後，其引人之處是在於這項民俗競技除了含有的祭典色彩之外，更含有團隊精神與視覺效果。現今搶孤活動的民俗賽會形式，或許喧鬧歡慶已經凌駕於敬天畏神、撫慰亡魂的宗教意涵。而「在世俗化的現代社會中，節慶活動已由以往『嚴肅‧儀式‧祭典‧中介‧神聖‧眞實』等特質轉化爲『遊戲‧戲劇‧觀光‧類中介‧世俗‧舞台化眞實』等特質。」〔註40〕

〔註39〕盧蕙馨，《宗教與文化》收錄於《五十年來台灣宗教研究成果估計畫》，頁 6。
〔註40〕金湘斌，〈從民俗體育觀點談恆春搶孤活動的過去、現在與未來〉，頁 96。引述自李明宗，《當代台灣節慶活動的形貌──休閒社會詮釋觀點的提疑》（台北市：國立台灣師範大學體育研究所博士論文 2002 年 1 月），頁 41。

　　科學愈發達的今天，卻仍然有很多未必能解決的人類的根本問題，如生老病死，反而促使民眾尋求非科學的而更宗教的方式來面對適應上的挑戰。人類社會及民眾還是需要宗教的。宗教仍然保有其神聖的一面。

　　總之，世俗化對現代社會的宗教的確產生重大的影響，然而世俗化本身使人們有了新的問題或未能解決舊的根本的問題，追求宗教又成為一種重要的趨勢。〔註41〕

　　因此，頭城搶孤雖是當地重大傳統祭典活動，但鎮民們卻日益不復扶老攜幼共襄盛舉之熱情，雖然有行政院文建會將之列為傳統民俗藝術類的文化資產而加以保護，也許短期內尚無需為舉辦費用傷腦筋。但若是年復一年，都以相同的形態呈現在國人的面前，反倒愈發地使得此一節慶活動，被當地鎮民以「負擔」視之。在思考頭城搶孤的未來時，如何有效持續地傳承搶孤這個民俗傳統，同時再激發鎮民們的參與熱情，則為永續保存搶孤活動必須及早因應的課題。

〔註41〕瞿海源，《宗教、術數與社會變遷（二）》，頁5。

第七章　結　論

　　1683 年台灣併入滿清版圖後，有關於搶孤的記載，從早期的方志文獻中的「普施」、「普度」，演化到有搶孤之實而尚未有搶孤之名，卒於 1760～1764 年（乾隆 25～29）由余文儀修纂的《續修臺灣府志》卷二十六〈藝文七・詩四〉收錄了孫霖的〈赤嵌竹枝詞〉始有「搶孤打降」的用詞出現，其後的方志皆能沿用以迄今日。

　　搶孤一詞正式的被使用，在台灣最少也超過 250 年以上的歷史。一樣的中元祭祀儀式後的搶孤活動，雖然活動形式或是外觀形態上，林林總總，各地或許稍有不同，但是經過 250 年以上的歷史演變，在各個時段都呈現出各個不同的社會及宗教文化上的面相。

　　本論文以頭城搶孤為主軸，一方面依據台灣在歷史上的政治環境變化的各個階段所代表的意涵；另一方面，從文化的角度去分析各個階段所含蓋的宗教意涵。再從每一個不同的政治環境下的台灣，依歷史及宗教的角度，分別去分析其實質的變化。

　　清領時期的台灣各方志或古典書籍之中，有關於搶孤的文獻經常都會伴隨著「貧民」、「乞丐」、「羅漢腳」、「無賴之徒」、「流民」、「無業棍徒」以及「打降」等等這些身份比較特殊的社會邊緣人的記載。

　　乃因台灣自 1683 年內併入大清領土後，這個移墾社會並未受到清政府的照顧，動亂頻仍。加以大清帝國在台灣的社會福利觀念尚未興起，雖然社會救濟事業是有存在的事實，但是大都透過廟會的活動而廣為布施，確實含有濃厚的慈善性質。職是之故，每至每年舊七月的中元祭典之日，廟宇公普祭拜儀式之後，容許競奪供品的布施行為，自不待言，除了乞食以外，舉凡上

述所謂社會邊緣人的「貧民」、「流民」、「羅漢腳」、「無賴之徒」等等，當然從四面八方蜂擁而來，匯集一所，竭盡所能地強奪並搶分施放的供品。因此，一大群衣衫襤褸，蓬頭垢面，拼死拼活地群起搶奪供品，這景象不正像是孤魂野鬼，成群結黨地起哄，你爭我奪，像戰爭的場面似的，所以，經常要驚動官方派兵到有舉行普度的寺廟於搶孤活動時持械守護「壓孤」。〔註1〕

清領時期的中元普度後發放祭拜的供品，在本質上當然還談不上所謂的社會福利，也還談不上社會救濟。充其量，廟宇活動只是屬於一時性的「布施」行爲而已，而搶孤只是其祭典儀式後的延伸活動而已。

日治頭城搶孤的興起及意涵中，筆者就台灣於 1895 年被劃入日本殖民地的版圖，連帶而起，因爲政治及社會等的變遷迥異於大清帝國。當然興起後的頭城搶孤所呈現出來的意涵也大異於昔時的清領時期。

日本殖民地政府在一開始的階段是採用後藤新平的懷柔政策，加上日本殖民政府的交通政策的開發，促使閉鎖於台灣東北部的宜蘭頭圍，因爲交通的便捷，使其搶孤活動適時得以興起。

1930 年代以來雖然因爲局勢緊張，後又有日本殖民地政府的「皇民化」而推動一連串的所謂「敬神崇祖、國民精神涵養」爲中心的「教化運動」，但是對台灣故有宗教習俗活動的搶孤則尚無採取壓制手段。

最重要的是，當時的主流媒體的《台灣日日新報》在頭城搶孤期間大都以正面新聞的手法來報導，此舉讓頭城搶孤擺脫了清領時期的負面形象。代之而起的是，進入了 1930 年代則是更大肆地報導，隨著搶孤比賽方式及難度的大幅度提高，也讓頭城搶孤一反昔時而走向體育競技的正面形象。

同時，由於菸酒專賣業者的贊助及介入，讓頭城搶孤更突顯出與其他地方搶孤的差異之處。也由於菸酒專賣業者的親身熱烈參與，當時的商業行銷也使頭城搶孤也不免趨向於「商業」以及「觀光」的模式推進。

1945 年第二次世界大戰後，國民黨派員接收台灣，因爲人謀不臧，政治黑暗等等很多因素而引起了二二八的動亂。加上終戰的後遺症，諸如，天災豪雨導致得子溪口的氾濫成災，農作物有植物病蟲害的鹽水蜈蚣，傳染病有霍亂的橫行，人禍則有二二八槍擊事件等等。當時鄉長盧纘祥在地方人士的要求之下，遂於戰後的 1947、1948、1949 年（民國 35、36、37 年）連續三

〔註1〕 方豪主編，《臺灣方志彙編第一輯第九冊 陳培桂修「淡水廳志」》（台北市陽明山：國防研究院 1968 年），頁 299。

年舉辦搶孤，除了舉辦單位由民間改為官方的鎮民代表會辦理之外，我們特別提到當時的台灣，因為正處於終戰之初，在天災、人禍、流行病的困擾之下，頭城搶孤的舉辦旨在祓除穢氣，慰藉無孤亡魂，並藉由宗教儀式以祈求國泰民安，保祐人們生活安和樂利。

由於特殊的政治情況導致台灣從 1949 年到 1987 年間有長達 38 年間處於戒嚴的狀態。但是這段期間，由於經濟的發展，國民所得大量增加，地方政治版圖重劃。另一方面，頭城搶孤於 1991 年二度復辦開始，隨著社會的變遷，雖然承續著往昔的儀式活動，但是其內涵不僅完全脫離了清領時期的負面形象，免除了終戰初二二八的肅殺氣氛，代之而起的是，蛻化為民俗的體育競賽。而這種民俗體育競賽活動，一直延續到現在。

頭城搶孤，本身是屬於中元祭祀儀式後的宗教活動，因此，除了歷史上的變化之外，我們再從宗教的角度分析其神聖與世俗的變化及走向。本論文第六章，先從宗教的神聖性談起，續談到頭城搶孤神聖性的一面。全章大部以涂爾幹的宗教理論為主軸，再以其他學者之研究為輔，把鬼、神的祭祀，廟宇、厝為神聖所在，以及儀式和禁忌的神聖先予以批露，最後再依清領、日治、戰後及二度復辦迄今的每一個階段之中，如何從宗教的神聖性，隨著時代的變遷而走向世俗化的過程，作一個有系統的整理。

其劃分，大致如下：

一、清領時期的搶孤是神聖化的。

二、日治時期開始走向世俗化。

三、終戰初期回復人道的終極關懷。

四、二度復辦迄今更趨世俗化。

頭城搶孤被列入行政院文化建設委員會的傳統藝術民俗及有關文物登錄為文化資產，但是頭城搶孤將來走向的定位，猶待日後的演變。

頭城搶孤從日治時期興起以來，就快要 90 年了，雖然它在每一個階段，大都以幾乎相同的儀式活動形態出現，但是在幾乎相同的形態之後面，卻含有不同歷史及宗教上的意涵。

此後的頭城搶孤究竟會以何種形態再呈現在國人面前，我們靜待來日再拭目以待。而頭城搶孤在宗教上的走向，從神聖性漸漸走向世俗化了的今天，它將會再以何種面貌繼續走下去，仍有待大家再付出更多的關懷和最大的努力去維護它。

引用書目

一、期刊／報紙

1. 王禮謙，1961，〈日據初期的懷柔政策〉台北文物 10（1）：105。

2. 田弘茂，1989，Liberalization and Democratization：Taiwan』s Development（Tien Hung-Mao） Experience， in Conference on Democratization in the Republic of China， Taipei. Jan.9-11， 1989， p.4。

3. 朱斐講，麻懷尹記，1973，〈布施歡喜可以改善人生——於臺中市逢甲工商學院普覺學社講——〉菩提樹 242／243：31。

4. 汗巾，1978，〈衛生常識 認識霍亂〉菸台 15（11）：24。

5. 吳寧遠，1998，〈現代宗教世俗化之省思〉宗教哲學 4（4）：21。

6. 宋光宇節譯，1774，〈宗教功能的一些特質〉（Radcliffe—Brown A.R.著，Structure and Functions in Primitive Society.）。人類與文化 3：13（原著出版於 Glencoe Illinois： The Free Press 1952）。

7. 李汾陽，2008，〈台灣文化資產保存的發展與特質 1984～2007〉，通識研究集刊 13：57，季刊 109：232。

8. 明悟，2006，〈佛教社會福利的理念〉海潮音 87（12）：3。

9. 林本炫，1992，〈對宗教民俗與觀光休閒結合的一些看法〉，載於《頭城搶孤座談會會議手冊》，宜蘭縣：頭城鎮中元祭拜委員會，p.41。

10. 邱彥貴，2009，〈頭城搶孤：歷史補白與意義蠡測〉。收錄於《2009 年「頭城搶孤學數研討會」》，宜蘭縣：宜縣政府，pp.31～32。

11. 邱彥貴、林正芳，2008，〈祭典篇〉，收錄於《頭城搶孤民俗保存與文化創意產業結合之研究》，國立台灣藝術總處籌備處委託計畫期末報告。宜蘭縣：蘭陽技術學院，pp. 67，76～77。

12. 邱彥貴、林正芳，2008，〈歷史篇〉，收錄於《頭城搶孤民俗保存與文化創意產業結合之研究》，國立台灣藝術總處籌備處委託計畫期末報告。宜蘭縣：蘭陽技術學院，pp.21～22，36～37，44，56～57。

13. 金湘斌，2000，〈從民俗體育觀點談恆春搶孤活動的過去、現在與未來〉，國立高雄師範大學體育學系學會 1，pp. 91～95，96～97。

14. 姚伯勳，2008，〈孤棚篇〉，收錄於《頭城搶孤民俗保存與文化創意產業結合之研究》，國立台灣藝術總處籌備處委託計畫期末報告。宜蘭縣：蘭陽技術學院，pp.154～155。

15. 范雅慧，2000，〈日治時期台灣酒專賣事業中販賣權的指定與遞嬗〉，臺灣風物 50（1）：pp.64～65。

16. 唐允安、黃丁郎，1961，〈虱目魚塭海螺及鹽水蜈蚣的防治〉，中國水產 107：12。

17. 張志堅，1995，〈超越巔峰——頭城搶孤〉，國民體育季刊 24（3）：pp.59～60。

18. 張金鶚，1998，〈台灣廟宇建築與人民生活信仰〉，台灣文獻 29（3）：167。

19. 張珣，1986，〈進香、刈火與朝聖宗教意涵之分析〉，人類與文化 22：pp.46～47。

20. 張雄潮，1964，〈清循吏姚瑩治臺事蹟及其經世文章〉，台灣文獻 15（1）：201。

21. 莊金座，1958，〈霍亂〉，衛生雜誌 13（11）：28。

22. 許嘉明，1978，〈寺廟的社會功能〉，綜合月刊 115：pp.117～120。

23. 陳佳文，1988，〈台灣地區菸酒專賣政策及專賣政策之研究〉，台灣銀行季刊 39（3）：314。

24. 陳柏州，1991，〈十萬人潮，觀看搶孤，熱鬧滾滾〉，中央日報 1991.09.09 第四版。

25. 陳國鈞，1995，〈臺灣社會救濟檢討〉中國地方自治 4（5）：14。

26. 陳燕禎，2005，〈台灣社會福利發展——日至時代社會福利機構的歷史探討〉社區發展季刊 109：232。

27. 傅仰止，1985，〈「邊際人」的理論傳承〉中國社會學刊 9：123。

28. 游憲廷，2008，〈文化創意產業規劃篇〉《頭城搶孤民俗保存與文化創意產業結合之研究》，國立台灣藝術總處籌備處委託計畫期末報告。宜蘭縣：蘭陽技術學院，pp.210～212。

29. 游謙，2001，〈董芳苑教授的宗教研究〉台灣宗教學會通訊 7：100。1995，〈頭城搶孤的歷史與演變〉，載於《寺廟與民間文化研討會論文集》（台北市：行政院文化建設委員會），p.520。

30. 黃國禎，1998，〈地域計劃、文化實踐與地域國家──對九〇年代宜蘭「文化立縣」的基進思考〉宜蘭文獻雜誌 32：pp.4～5。

31. 經濟部水利環境規劃實驗所，2008，《「易淹水地區水患治理計劃」第一階段實施計劃」宜蘭縣得子口溪（含支流排水）環境營造規劃》台中縣霧峰鄉：經濟部水利環境規劃實驗所，pp.2～2，2～3。

32. 鄒濬智，2005，〈宜蘭頭城搶孤儀式的意義及演變〉，台灣源流 31：pp.116～117。

33. 廖淑容，2008，〈宜蘭文化模式的制度能力與地域鑲嵌〉，人文研究學報 42（1）：42。

34. 劉萬枝，1963，〈清代台灣之寺廟（一）〉，台北文獻 4：101。

35. 蔡其達，1991，〈「白色恐怖」題解〉，中國論壇 31（9）：66。

36. 蔡相煇，1996，〈從歷史背景爲台灣廟宇定位（上）〉，國魂 608：36。

37. 蔡惠琴，1996，〈明清無賴集團之一──「打行」探析〉，輔仁大學歷史學報 8：pp.126～128。

38. 蔡錦堂，1991，〈日據末期台灣人宗教信仰之變遷──以，「家庭正廳改善運動」爲中心〉史聯雜誌 19：pp.37，39。

39. 蔡龍保，2004，〈日治時期公路運輸之興起與交通體系之變遷（1910～1936）〉近代中國 156：88。

40. 鄭志明，1996，〈台灣鬼信仰文化發展的檢討與展望〉鵝湖月刊 22（1）：44。

41. 盧胡彬，2003，〈頭城的寺廟與地方發展〉白沙人文社會學報 2：274。

42. 盧蕙馨，2006，《宗教與文化》載於《五十年來臺灣宗教研究成果評估計劃》，台北市：行政院國家科學委員會，p.3。

43. 謝宗榮，2004，〈台灣的中元信仰與普度習俗〉宗教大同 3：69。

44. 瞿海源，1992，〈恢復舉辦搶孤的檢討〉載於《頭城搶孤座談會會議手冊》（宜蘭縣頭城鎮：頭城中元祭典委員會，p.37。

45. 羅天人，1998，〈中華民國宣佈解嚴政策探討──決策理論分析〉近代中國 124：pp.139，143。

二、專書

1. 方豪，1968，《臺灣方志彙編第一冊，高拱乾修「台灣府志」》，台北陽明山：國防研究院。

   《臺灣方志彙編第二冊，(1) 周鍾瑄修「諸羅縣志」》，台北陽明山：國防研究院。

   《臺灣方志彙編第二冊，(2) 陳文達編「臺灣縣志」》，台北陽明山：國防研究院。

《台灣方志彙編第三冊，(1) 王必昌修「臺灣縣志」》，台北陽明山：國防研究院。

《台灣方志彙編第五冊，(1) 陳文達修「鳳山縣志」》，台北陽明山：國防研究院。

《台灣方志彙編第五冊，(2) 王瑛曾修「重修鳳山縣志」》，台北陽明山：國防研究院。

《台灣方志彙編第六冊，(1) 周璽修「彰化縣志」》，台北陽明山：國防研究院。

《臺灣方志彙編第八冊，(1) 陳淑均修「噶瑪蘭廳志」》，台北陽明山：國防研究院。

《台灣方志彙編第九冊，(2) 陳培桂修「淡水廳志」》，台北陽明山：國防研究院。

《臺灣方志彙編第十二冊，(2)「新竹縣志初稿」》，台北陽明山：國防研究院。

2. 丁紹儀，1957，《東瀛識略》，台北市：台灣銀行。

3. 方萍纂修，1962，《宜蘭縣志卷四經濟志農業篇》，宜蘭縣：宜蘭縣文獻委員會。

4. 片岡巖，1921，《臺灣風俗誌》，台北市：台灣日日新報。

5. 王詩琅，1980，《日本殖民地體制下的台灣》，台北市：眾文圖書公司。

6. 台灣銀行經濟研究室編，1959，〈臺案彙錄甲集〉，收錄於《台灣文獻叢刊 第三十一種》，台北市：台灣銀行。

7. 石計生，2000，《宜蘭縣史系列經濟類2 宜蘭縣社會經濟發展史》，宜蘭縣：宜蘭縣政府。

8. 向陽執筆，2004，《台灣的故事》，臺北縣淡水鎮：群策會李登輝學校。

9. 朱衣點等撰，2007〔1992〕，〈重修崇明縣志〉，收錄於《稀見中國地方志彙刊第一冊》，北京：中國書局。

10. 朱景英，1983，《海東札記》，臺北市：成文出版有限公司。

11. 作者不詳，出版年不詳，〈新興氣分漲る躍進宜蘭郡の姿〉，收錄於《南進国策と臺灣產業》出版地不詳。國圖系統識別號 0000434093。

12. 余文儀，2007，《續修臺灣府志》，臺北市：遠流出版事業股份有限公司。

13. 李筱峰，1998，《解讀二二八》，台北：玉山社出版事業股份有限公司。

14. 李潼工作室，1992，《頭城搶孤專輯》，宜蘭縣：頭城中元祭典委員會。

15. 沈秀華、張文義採訪記錄，1992，《二二八噶瑪蘭──宜蘭 228 口述歷史》，台北市：自立晚報社文化出版部。

16. 宜蘭縣文獻委員會，1983，〈宜蘭縣志卷三政事志第二篇行政篇〉，載於《台灣省宜蘭縣志（五）》，台北市：成文出版社有限公司。

17. 宜蘭縣文獻委員會編輯組，1960，《宜蘭縣志卷首中大事記》，宜蘭縣：宜蘭縣政府。

18. 宜蘭縣政府，2005，《宜蘭縣統計要覽 第 58 期》，宜蘭縣：宜蘭縣政府。

19. （明）羅炌修，黃承昊纂，1991，《嘉興縣志》，北京：書目文獻出版社。

20. 林正芳編纂，2002，《續修頭城鎮志》，宜蘭縣頭城鎮：頭城鎮公所。

21. 林晚生譯，2007，《福爾摩沙紀事：馬偕臺灣回憶錄》（Mackay G.原著，From Far Formosa： the island， its People and Mission）。臺北市：前衛出版社。（原著出版於 1895 年）。

22. 林耀南譯，1959，《臺灣遙寄》（Mackay G.原著，From Far Formosa： The island， its People and Mission.）。台北市：台灣省文獻委員會。（原著出版於 1895 年）。

23. 邱坤良，1985〔1983〕，《民俗藝術的維護》，台北市：行政院文化建設委員會。

24. 芮傳明、趙學元譯，2007〔1992〕，《宗教生活的基本形式》（Emile Durkheim 著，「The Elementary Forms of The Religious Life」），苗栗縣：桂冠圖書股份有限公司（原著法文版由 Joseph Ward Swain 翻譯英文出版於 1965）。

25. 范燕秋，2004，《宜蘭縣史系列 社會類 5 宜蘭縣醫療衛生史》，宜蘭縣：宜蘭縣政府。

26. 范麗珠，2005，《當代中國人宗教信仰的變遷》，台北縣：韋伯文化國際出版社。

27. 張志哲主編，1994，《道教文化辭典》，南京：江蘇古籍出版社。

28. 曹衛東譯，1997，《現代人與宗教》（G. Simmel 原著「Der Moderne und Religion」）香港：漢語基督教文化研究所（原作題名「Zur Soziologie der Religion」作於 1898 年）。

29. 莊英章、吳文星編纂，1985，《頭城鎮志》，宜蘭縣頭城鎮：頭城鎮公所。

30. 莊英章等，1991，《文化人類學（下）》，台北縣蘆洲鄉：國立空中大學。

31. 莊賜財，2005，《頭城鎮開成寺簡介 開蘭第一古寺》，宜蘭縣頭城鎮：頭城鎮開成寺第六屆管理委員會。

32. 許南英，1962，《窺園留草（一）》，臺北市：臺灣銀行。

33. 郭弘斌，2004，《滿清據台二一三》，台北市：台灣歷史真相還原協會。

34. 陳柏洲，1997，《搶孤的小鎮——頭城》，南投：臺灣省政府教育廳。

35. 陳玲蓉，1992，《日據時期神道統治下的台灣宗教政策》，台北市：自立晚報社文化出版部。

36. 陳盛韶，1991，《問俗錄：福建、臺灣的民俗與社會》，台北市：武陵出版有限公司。

37. 游謙、施芳瓏作，林美容編纂，2004，《宜蘭縣史系列，社會類 4 宜蘭縣民間縣信仰》，宜蘭縣：宜蘭縣政府。

38. 黃逢昶，1960，《臺灣生熟番記事》，臺北市：臺灣銀行。

39. 黃雯娟，1998，《宜蘭縣史系列 經濟類 1 宜蘭縣水利發展史》，宜蘭縣：宜蘭縣政府。

40. 黃榮洛，1997〔1989〕，《渡台悲歌——台灣的開拓與抗爭史話》，台北市：臺原出版社。

41. 楊碧川，1996，《後藤新平傳——台灣現代化奠基者》，台北市：一橋出版社〔台北縣〕，中和市：大河圖書物流事業有限公司總代理。

42. 葉春榮，張珣合編，2006，《台灣本土宗教研究：結構與變異》，台北：南天書局有限公司。

43. 鈴木清一郎，1934，《臺灣舊慣冠婚葬祭と年中行事》，台北市：台灣日日新報。

44. 遠流台灣館編，2000，《台灣史小事典》，台北市：遠流出版社股份有限公司。

45. 劉枝萬，1967，《臺北市松山祈安建醮祭典》，台灣南港：中央研究院民族研究所。

46. 蔡文婷，2007，《台灣民俗筆記》，台北市：光華雜誌。

47. 鄧淑慧、江寶月、林美容編著，1997，《宜蘭縣史系列 宜蘭縣民眾生活史》，宜蘭縣：宜蘭縣政府。

48. 頭城中元祭典委員會主辦，1992，〈恢復舉辦搶孤的檢討〉載於《頭城搶孤座談會會議手冊》，宜蘭縣：頭城鎮公所中元祭典委員會。

49. 頭城鎮中元祭典委員會，〈民國卅六年度以降關係書類綴〉，宜蘭縣：頭城鎮公所中元祭典委員會。

50. 戴月芳、羅吉甫主編，2000〔1990〕，《台灣全記錄》，台北市：錦繡出版事業股份有限公司。

51. 戴國煇，1994，《台灣結與中國結——睪丸理論與自立共生的構圖》，台北市：遠流出版事業股份有限公司。

52. 戴康生、彭耀主編，2006，《宗教社會學》，台灣縣永和市：財團法人世界宗教博物館發展基金會附設出版社。

53. 謝宗榮，2003，《台灣傳統宗教文化》，台中市：晨星出版有限公司。

54. 戴寶村，2001，《宜蘭縣史系列 經濟類 3 宜蘭縣交通史》，宜蘭縣：宜蘭縣政府。

55. 瞿海源，2006，《宗教、術數與社會變遷（二）》，台北縣新店市：桂冠圖書有限公司。

56. 藍吉富主編，1994，《中華佛教百科全書》，台南縣永康市：中華佛教百科文獻基金會。

57. 藍鼎元，1977，〈鹿州奏疏〉收錄在沈雲龍主編，《近代中國史料叢刊續編第 41 輯》，台北市永和：文海出版社有限公司。

58. 蘇美如、張文義、樊德惠，2010，《話說搶孤》，宜蘭縣：宜蘭縣頭城鎮中元祭典協會。

59. 龔宜君，2001，《宜蘭縣史系列 社會類 3 宜蘭縣人口與社會變遷》，宜蘭縣：宜蘭縣政府。

三、博碩士論文

1. 李明宗，2002，《當代台灣節慶活動的形貌──休閒社會詮釋觀點的提疑》，國立台灣師範大學體育研究所博士論文，台北市。

2. 洪淑華，2003，《台灣戒嚴時期大法官解釋與人權發展》，國立政治大學歷史研究所碩士論文，台北市。

3. 黃進仕，2000，《台灣民間「普渡」儀式研究》，南華大學哲學研究所碩士論文，嘉義縣。

4. 劉昭吟，1994，《從祭典到觀光：頭城搶孤中的社區菁英、民俗信仰與觀光規劃》，國立台灣大學建築與城鄉研究所碩士論文，台北市。

5. 蔡金樹，2007，《台灣恆春搶孤暨孤棚活動發展之研究》，國立屏東教育大學體育學系，屏東市。

6. 戴文鋒，1991，《清代台灣的社會救濟事業》，國立成功大學歷史語言研究所碩士論文，台南市。

四、網路資料

1. 行政院文化建設委員會文化資產總管理處籌備處 http://www.hach.gov.tw/hach/frontsite/cultureassets/caseBasicInfoAction.do?method=doViewCaseBasicInfo&caseId=JE09605000059&version=2&assetsClassifyId=5.1&siteId=101

2. 台灣新生報 http://zh.wikipedia.org/wiki/%E5%8F%B0%E7%81%A3%E6%96%B0%E5%A0%B1

3. 維基百科網站,艾彌爾·涂爾幹 http://zh.wikipedia.org/h-tw/%E7%88%B1%E7%B1%B3%E5%B0%94%C2%B7%E6%B6%82%E5%B0%94%E5%B9%B2

附　錄

一、孤棚小檔案

孤棚：

整座孤棚分為底部的「孤柱」，中間的「孤棚平台」，上方的「孤棧」，還有孤棧頂端的「順風旗」。

孤柱：

12支，為10-12公尺高的杉木，左右各6根，對立斜插深入地下近2公尺，形成穩固的基礎，上面再搭起孤棚平台。

孤柱由來：

傳說過去的12支孤柱來自頭城漁船的主要桅桿，在墾荒先賢吳沙的請託下，卸下作為搶孤台柱，年年沿用。然而歷經日據、國府時代，搶孤儀式被禁止後，12支上好入料的桅桿陸續被借去造橋、建港、蓋歌仔戲台後，多已不復存在。如今的孤柱則是祭典復辦之後新取的材料。

孤棧：

孤柱之上的四方大平台為孤棚平台，平台上再豎立13座孤棧，由杉木、青竹編紮而成，造型為直錐狀，接近頂端掛有竹環，供攀孤手抓握。

順風旗：

孤棧頂端的竹子上，繫有一捆銀紙（冥紙）、一隻辟邪的雞，最頂端為刺繡精文的順風旗。傳說過去一旦有整批漁船出海，不幸遇到颱風，結果只有插著順風旗的漁船平安歸來，因此那些漁船滿載而歸、帶來好運的順風旗，成為船家們競標減痕的幸運標，由名家精心製作的順風旗，價值可達數萬元以上。

整座孤棚由下至上分為：孤柱、孤棚平台、孤棧與順風旗。
The *gupeng* consists of three parts, from bottom to top: the *guzhu* posts, the *gupeng* platform, and the *guzhan* spires topped with the *shunfeng* ("favorable winds") flags.

綁滿祭品的孤棧。
Guzhan spires, covered with tied on sacrificial goods.

供攀孤手攀爬時抓握的竹環。
Bamboo hoops used by the *qianggu* climbers.

孤棧頂端掛有銀紙與全雞，遠望的民眾很難看得見。
Round to the top of each *guzhan* spire are golden spirit money and a whole chicken. They are so high up as to be barely visible to the crowds below.

A Guide to the *Qianggu* Platform

Platform (*gupeng*):
The platform is divided into the lower portion, consisting of the posts (*guzhu*); the middle portion, consisting of the platform (*gupeng*); and the top section, consisting of the spires (*guzhan*) and the favorable wind (*shunfeng*) flags that top the spires.

Posts:
Twelve posts made of fir, each ten to 12 meters high, are distributed six on each side and set against each other at a slant two meters into the ground. They form a secure foundation for the platform above.

Origin of the posts:
According to popular tradition, the 12 posts came from the masts of Toucheng fishing boats. At the request of the pioneering hero Wu Sha, they were taken and used as posts for the *qianggu* platform. During the periods of Japanese and Nationalist rule, when the *qianggu* festival was banned, the 12 original posts were used for bridges, the harbor, and stages for Taiwanese Opera. Gradually they were all lost. The posts used today were newly fashioned after the restoration of the rites.

Spires:
Thirteen spires are set upon the square platform, formed by lashing together fir and bamboo into a conical shape. Near the top, bamboo rings serve as handles for the climbers.

"Favorable wind" flags:
To the bamboo pole atop each spire are attached silver spirit money, a chicken to ward off evil, and at the very top a "favorable wind" flag. According to tradition, a group of fishing boats at sea were caught in a typhoon, but those bearing the "favorable wind" flag returned home safely. To the fishing community, the flags are a coveted symbol of good fortune and the safe return of the boats. Woven by renowned artisans, they are worth tens of thousands of NT dollars each. □

(tr. by Tsai Nanting)

〔註1〕

〔註1〕 蔡文婷文字，《台灣民俗筆記》（台北市：光華雜誌 2007 年 9 月），頁 151。

二、日治時期頭城搶孤一覽表

時　間	舉辦／停辦	緣由／特別事故
1923 年（大正 12 年）	開成寺	源起吳沙成 使用名詞「高櫓」、「孤檯」「大檯」
1926 年（昭和 1 年）	開成寺	使用「搶孤」一詞 孤柱塗油
1928 年（昭和 3 年）	開成寺	使用「孤棚」名詞 向鐵道部申請臨時列車
1929 年（昭和 4 年）	開成寺	使用「凹頭棚」名詞 孤柱塗油 運轉臨時列車、自動車
1930 年（昭和 5 年）	開成寺	使用名詞「櫓」 運轉臨時列車、自動車
1934 年（昭和 9 年）	開成寺	使用「槽」、「棧」名詞 專賣局參與、贊助 鐵道、自動車加入營運
1935 年（昭和 10 年）	開成寺	使用名詞「高棚競技」、「景氣回復」
1936 年（昭和 11 年）	開成寺	使用名詞「募集觀光團」 「驛前廣場映畫」
1937 年（昭和 12 年）	停辦	中日戰爭暴發
1938 年（昭和 13 年）	宣告停辦	

註：1937 年中日戰爭導至頭城搶孤停辦。再復辦時已是終戰後。

三、戰後頭城搶孤一覽表

時　　間	舉辦／停辦	緣由／特別事故
1946 年（民國 35 年）	頭城開成寺	
1947 年（民國 36 年）	頭城開成寺	二二八事件
1948 年（民國 37 年）	頭城開成寺	頭城中元祭典委員會成立
1949 年（民國 38 年）～ 1990 年（民國 39 年）	停辦	1949 年 5 月 20 日戒嚴 1987 年 7 月 15 日解嚴
1991 年（民國 80 年）	開蘭東路與沙成路交叉處 國小預定地	記念開蘭一九五週系列活動
1992 年（民國 81 年）	開蘭東路與沙成路交叉處 國小預定地	寶莉颱風中進行
1993 年（民國 82 年）	開蘭東路與沙成路交叉處 國小預定地	
1994 年（民國 83 年）	停辦	頭城中元祭典委員會計畫成立民俗文教基金會
1995 年（民國 84 年）	停辦	
1996 年（民國 85 年）	開蘭東路與沙成路交叉處 國小預定地	開蘭二百週年記念
1997 年（民國 86 年）	開蘭東路與沙成路交叉處 國小預定地	
1998 年（民國 87 年）～ 2003 年（民國 92 年）	停辦	2003 年成立「宜蘭縣頭城鎮中元祭典協會」
2004 年（民國 93 年）	烏石港	
2005 年（民國 94 年）	烏石港	
2006 年（民國 95 年）	烏石港	
2007 年（民國 96 年）	烏石港	
2008 年（民國 97 年）	烏石港	
2009 年（民國 98 年）	烏石港	

四、最近三年中元祭典斗首名單

（一）2007 年（民國 96 年）中元祭典斗首名單：

柱首名	輪值里	里　長	斗首名	輪值里	里　長
主會	城東里	游錫財	添丁首	武營里	吳金標
主醮	城北里	李木連	植福首	城南里	林春三
主壇	城西里	薛榮燦	民安首	新建里	劉春明
主普	農會		辦理醮事	漁會	
斗首名	擔任里	里長	斗首名	擔任里	里長
進財首	石城里	沈萬子	利通首	頂埔里	邱寅次
觀音首	大里里	尤添丁	財亨首	下埔里	林太源
祈安首	大溪里	吳椿榮	仁官首	中崙里	蕭建明
福德首	龜山里	簡英俊	大士首	二城里	張金連
斗燈首	合興里	張正益	國泰首	金盈里	林漢龍
燈篙首	更新里	陳繼錫	地官首	金面里	劉榮華
進寶首	外澳里	石錫煌	三官首	福成里	林宗謨
天官首	港口里	李下山	發表首	拔雅里	黃正來
水燈首	大坑里	陳錫華	平安首	白雲村	陸天賜
百福首	打馬煙（武凌庄）	陳海水	招財首	玉石村	游松棋
迎祥首	竹安里	陳森銘			
斗首名	擔任單位	擔任者	斗首名	擔任單位	擔任者
合境首	眾魚商	無	辦理醮事	代表	蔡財丁
合會首	眾攤販	無		代表	林張秀娥
瑞祥首	眾肉商	無		代表	林錦梅
爐主	林必盈	虛構		代表	林坤樹
頭家	頭城中元祭典協會			代表	林樂賜
總理醮事	代會主席	黃振燦		代表	林金龍
				代表	陳石生
辦理醮事	縣長	呂國華		代表	魏宗太
	副縣長			理事	薛繼陳

頭城鎮長	陳秀暖			監事	薛文進
礁溪鎮長	林政盛			會員	吳淑貞
縣議員	蔡文益			會員	許銘輝
縣議員	曹乾舜			會員	陳兩祈
開成寺主委	莊錫財			總幹事	陳文琛
常務監事	蕭建明	協辦醮事			楊茂榮
常務理事	張金連				陳美燕
常務理事	柳萬順				藍玲玨
代表主席	賴茂盛				林學科
					高曉雯
				林務局處長	林鴻宗

本表錄自：林正芳、邱彥貴，〈祭典篇〉頁 74 收錄於《頭城搶孤民俗保存與文化創意
　　結合之研究》（宜蘭縣：蘭陽技術學院 2008 年 09 月 30 日）

（二）2008 年（民國 97 年）中元祭典斗首名單：

柱首名	輪值里	里　長	斗首名	輪值里	里　長
主會	武營里	吳金標	添丁首	城東里	游錫財
主醮	城南里	林春三	植福首	城北里	李木連
主壇	新建里	劉春明	民安首	城西里	薛榮燦
主普	漁會		辦理醮事	農會	
斗首名	擔任里	里　長	斗首名	擔任里	里　長
進財首	石城里	沈萬子	利通首	頂埔里	邱寅次
觀音首	大里里	尤添丁	財亨首	下埔里	林太源
祈安首	大溪里	吳椿榮	仁官首	中崙里	蕭建明
福德首	龜山里	簡英俊	大士首	二城里	張金連
斗燈首	合興里	張正益	國泰首	金盈里	林漢龍
燈篙首	更新里	陳繼錫	地官首	金面里	劉榮華
進寶首	外澳里	石錫煌	三官首	福成里	林宗謨
天官首	港口里	李下山	發表首	拔雅里	黃正來
水燈首	大坑里	陳錫華	平安首	白雲村	陸天賜
百福首	打馬煙（武凌庄）	許阿益	招財首	玉石村	游松棋
迎祥首	竹安里	陳森銘			

斗首名	擔任單位	擔任者	斗首名	擔任單位	擔任者
合境首	眾魚商	無	辦理醮事	代表	蔡財丁
合會首	眾攤販	無		代表	林張秀娥
瑞祥首	眾肉商	無		代表	林錦梅
爐主	林必盈	虛構		代表	林坤樹
頭家	頭城中元祭典協會			代表	林樂賜
榮譽總理醮事	縣長	呂國華		代表	林金龍
總理醮事	代會主席	黃振燦		代表	陳石生
辦理醮事	頭城鎮長	陳秀暖		代表	魏宗太
	礁溪鎮長	林政盛		理事	薛繼陳
	縣議員	蔡文益		監事	薛文進
	縣議員	曹乾舜		會員	吳淑貞
	開成寺主委	莊錫財		會員	許銘輝
	常務監事	蕭建明		會員	陳兩祈
	常務理事	張金連		總幹事	陳文琛
	常務理事	柳萬順	協辦醮事		楊茂榮
	代表主席	賴茂盛			張素琴
					賴淑眞
				林務局處長	林鴻宗

本表錄自：林正芳、邱彥貴，〈祭典篇〉，收錄於《頭城搶孤民俗保存與文化創意結合之研究》（宜蘭縣：蘭陽技術學院 2008 年 09 月 30 日），頁 75。

（三）2009 年（民國 98 年）中元祭典斗首名單：

柱首名	輪值里	里長	斗首名	擔任單位	擔任者
主會	城北里	李木連	爐主	林必盈	虛構
主醮	城東里	游錫財	榮譽總理醮事	縣長	呂國華
主壇	城西里	薛榮燦	總理醮主	理事長	黃振燦
主普	頭城鎮農會		辦理醮事	鎮民代會主席	賴茂盛
	輪值里	里長		鎮民代會副主席	黃振燦
添丁首	城南里	林春三		頭城鎮長	陳秀暖
植福首	武營里	吳金標		礁溪鎮長	林政盛
民安首	新建里	劉春明		縣議員	蔡文益
	頭城區漁會			縣議員	曹乾舜

斗首名	擔任里	里　長		開成寺主委	莊錫財
進財首	石城里	沈萬子		常務監事	蕭建明
觀音首	大里里	尤添丁		常務理事	張金連
祈安首	大溪里	吳椿榮		常務理事	柳萬順
福德首	龜山里	簡英俊		代表	蔡財丁
斗燈首	合興里	張正益		代表	林張秀娥
燈篙首	更新里	陳繼錫		代表	林錦梅
進寶首	外澳里	石錫煌		代表	林坤樹
天官首	港口里	李下山		代表	林樂賜
水燈首	大坑里	陳錫華		代表	林金龍
百福首	武凌庄（打馬煙）	邱金福		代表	陳石生
迎祥首	竹安里	陳森銘		代表	魏宗太
利通首	頂埔里	邱寅次		會員	薛文進
財亨首	下埔里	林太源		會員	吳淑貞
仁官首	中崙里	蕭建明		會員	許銘輝
大士首	二城里	張金連		會員	陳兩祈
國泰首	金盈里	林漢龍		會員	鄭金榮
地官首	金面里	劉榮華	協辦醮事	總幹事	林太源
三官首	福成里	林宗謨		出納	楊茂榮
發表首	拔雅里	黃正來		會務	張素琴
平安首	白雲村	陸天賜		會務	賴淑眞
招財首	玉石村	游松棋			
合境首	頭城鎮中元祭典協會				
合會首	頭城鎮中元祭典協會				
瑞祥首	頭城鎮中元祭典協會				

本表感謝頭城鎮中元祭典協會賴淑眞小姐核對

五、2010 年以降頭城搶孤盛事補述

本論文寫成於 2010 年（民國 99 年）夏天，爾來歷年搶孤盛事一再地在頭城接續傳承，茲表列補述如下。

年　分	摘　要	地　點
2010 年 9 月 07 日 （民國 99 年）	一度因爲資金短缺差點就要停辦的頭城搶，在地方人士大力協助下得以延續宜蘭的傳統民俗。 資料來源：http://j7.lanyangnet.com.tw/tcclimb/2010	烏石港
2011 年 8 月 28 日 （民國 100 年）	受到南瑪都颱風影響，科儀照常，搶孤沒能順利舉行。 資料來源：https://www.youtube.com/watch?v=pkW-eNsuSKU	烏石港
2012 年 （民國 101 年）	停辦	
2013 年 9 月 04 日 （民國 102 年）	交通部觀光局列入「台灣觀光年曆」頭城搶孤民俗文化活動，停辦兩年，今年再度復辦。 資料來源：http://j7.lanyangnet.com.tw/tcclimb/2013	頭城文小─文化園區（80年搶孤地點）
2014 年 （民國 103 年）	停辦	
2015 年 9 月 12 日 （民國 104 年）	享譽全國的頭城搶孤，再度復辦！除了傳統活動並加入文化展覽，並將申請文化部登入無形文化資產。 資料來源：http://j7.lanyangnet.com.tw/tcclimb/2015	頭城鎮頭城搶孤民宿教育園區（80年搶孤地點）
2016 年 8 月 31 日 （民國 105 年）	響徹全國與國際的「頭城搶孤活動」，今年確定於8 月 31 日降重展開，雖然搶孤習俗並非頭城專有，但因意義深遠兼具宗教民俗，比賽過程驚險刺激，每年都能吸引大批遊客前來觀賽！ 資料來源：http://j7.lanyangnet.com.tw/tcclimb/2016/	頭城鎮頭城搶孤民宿教育園區（80年搶孤地點）
2017 年 9 月 19 日 （民國 106 年）	「爭臺高築卻奪先，冥陽同慶普中元」，源自清代的頭城搶孤，對開蘭之初有極大的特殊涵義。傳承至今已成爲台灣難得的文化資產。 資料來源：http://j7.lanyangnet.com.tw/tcclimb/	頭城鎮頭城搶孤民宿教育園區（80年搶孤地點）
2018 年 9 月 9 日 （民國 107 年）	停辦